2020年度河北省科技金融协同创新中心/河北省科技金融重点实验室开放基金项目
"科技创新驱动农业保险服务质量提升路径研究"（项目编号：STFCIC202008）

科技创新驱动农业保险服务质量提升路径研究

晋颖 付正 韦彩霞 著

四川大学出版社
SICHUAN UNIVERSITY PRESS

图书在版编目（CIP）数据

科技创新驱动农业保险服务质量提升路径研究 / 晋颖，付正，韦彩霞著. — 成都：四川大学出版社，2023.4
ISBN 978-7-5690-6081-2

Ⅰ. ①科… Ⅱ. ①晋… ②付… ③韦… Ⅲ. ①技术革新—作用—农业保险—服务质量—研究—中国 Ⅳ. ① F842.66

中国国家版本馆 CIP 数据核字（2023）第 066656 号

书　　名：	科技创新驱动农业保险服务质量提升路径研究
	Keji Chuangxin Qudong Nongye Baoxian Fuwu Zhiliang Tisheng Lujing Yanjiu
著　　者：	晋　颖　付　正　韦彩霞

选题策划：梁　平
责任编辑：梁　平
责任校对：杨　果
装帧设计：裴菊红
责任印制：王　炜

出版发行：四川大学出版社有限责任公司
　　　　　地址：成都市一环路南一段 24 号（610065）
　　　　　电话：（028）85408311（发行部）、85400276（总编室）
　　　　　电子邮箱：scupress@vip.163.com
　　　　　网址：https://press.scu.edu.cn
印前制作：四川胜翔数码印务设计有限公司
印刷装订：成都市新都华兴印务有限公司

成品尺寸：170mm×240mm
印　　张：12
字　　数：227 千字

版　　次：2023 年 6 月　第 1 版
印　　次：2023 年 6 月　第 1 次印刷
定　　价：68.00 元

本社图书如有印装质量问题，请联系发行部调换

版权所有　◆　侵权必究

扫码获取数字资源

四川大学出版社
微信公众号

前　言

农业在很大程度上受自然条件的影响。在我国农业从自给、半自给的自然经济向较大规模的商品经济转化，从传统农业向现代化农业转化的历史阶段，农业保险作为经济补偿制度，对实现农业现代化这一战略目标，促进农村商品生产的发展，具有重要的作用。

农业丰则基础强，农民富则国家盛，农村稳则社会安。我们党历来重视"三农"问题，中华人民共和国成立后，党和政府为解决"三农"问题，采取了一系列措施，取得了巨大成就。改革开放以来，党中央非常重视"农民、农村、农业"工作，持续推进农业农村改革，推动农业和农村快速发展，在精准扶贫、乡村振兴工作中取得了重大成就。走中国特色社会主义乡村振兴道路，实施乡村振兴，就要按照产业兴旺、生态宜居、乡风文明、治理有效、生活富裕的总要求，建立健全城乡融合发展政策体系，促进农村一二三产业深度融合发展，保持农业农村经济发展旺盛活力。中国的农业发展之路还很远，还要不断地探索和实践。

本书共分三篇，第一篇包括第一章至第四章，第二篇包括第五章至第九章，第三篇包括第十章至第十一章。第一章讲述了乡村振兴背景下现代农业生产及农业风险，第二章讲述了我国农业保险的基本情况，第三章为乡村振兴背景下农业保险支农惠农，第四章是乡村振兴背景下我国农业保险监管体制与发展改革路径，第五章是保险科技在农业保险领域的应用及环境塑造，第六章是无人机技术在种植业保险中的应用，第七章讲述了人工智能技术在智慧农业保险中的应用，第八章是区域划分技术在森林保险中的应用，第九章介绍了遥感技术在农业保险中的应用，第十章是科技创新与农业保险服务质量提升，第十一章介绍了乡村振兴背景下农业保险高质量发展前景展望。

在写作过程中，著者参考了部分相关资料，获益良多，在此，谨向相关学者师友表示衷心感谢。由于著者水平有限，加之时间仓促，书中难免存在一些错误和疏漏，敬请广大专家和学者批评指正。

著　者

目　录

第一篇　理论篇

第一章　乡村振兴背景下现代农业生产及农业风险…………………（3）
　　第一节　乡村振兴背景下现代农业生产概述……………………（3）
　　第二节　乡村振兴背景下现代农业发展面临的主要问题………（10）
第二章　我国农业保险的基本情况……………………………………（22）
　　第一节　农业保险概述……………………………………………（22）
　　第二节　农业保险经营组织………………………………………（32）
　　第三节　农业保险经营模式………………………………………（39）
第三章　乡村振兴背景下农业保险支农惠农…………………………（47）
　　第一节　我国农业保险支农惠农状况及对策分析………………（48）
　　第二节　政策性农业保险支农惠农作用机制……………………（53）
　　第三节　政策性农业保险支农惠农对策建议……………………（55）
第四章　乡村振兴背景下我国农业保险监管体制与发展改革路径…（60）
　　第一节　乡村振兴背景下我国农业保险监管体制………………（60）
　　第二节　乡村振兴背景下我国农业保险发展改革路径…………（66）

第二篇　应用篇

第五章　保险科技在农业保险领域的应用及环境塑造………………（77）
　　第一节　保险科技的概念界定及理论基础………………………（77）
　　第二节　保险科技的发展历程和在农业保险领域的应用………（81）
　　第三节　保险科技在农业保险领域应用的环境塑造……………（89）
第六章　无人机技术在种植业保险中的应用…………………………（93）
　　第一节　种植业保险概述…………………………………………（93）
　　第二节　无人机技术概述…………………………………………（98）

第三节　无人机应用于种植业保险的模式创新……………………(102)

第七章　人工智能技术在智慧农业保险中的应用……………………(106)
　　第一节　智慧农业保险概述………………………………………(106)
　　第二节　人工智能技术在智慧农业保险中的应用分析…………(111)
　　第三节　推动智慧农业保险发展的对策建议……………………(117)

第八章　区域划分技术在森林保险中的应用……………………(121)
　　第一节　森林保险概述……………………………………………(121)
　　第二节　森林火灾保险风险区域划分……………………………(127)
　　第三节　发展森林保险的对策建议………………………………(130)

第九章　遥感技术在农业保险中的应用…………………………(134)
　　第一节　遥感技术及其在农业保险中的应用概述………………(134)
　　第二节　国外遥感技术应用情况…………………………………(137)
　　第三节　国内遥感技术在农业保险中的应用情况及改进思路……(145)

第三篇　展望篇

第十章　科技创新与农业保险服务质量提升……………………(155)
　　第一节　科技创新与农业保险服务质量提升路径分析…………(155)
　　第二节　保险科技创新提升我国农业保险服务质量的政策建议……(159)

第十一章　乡村振兴背景下农业保险高质量发展前景展望……(165)
　　第一节　乡村振兴背景下农业保险面临的问题及内外环境……(165)
　　第二节　乡村振兴背景下科技助力农业保险高质量发展展望……(170)

参考文献……………………………………………………………(182)

第一篇　　理论篇

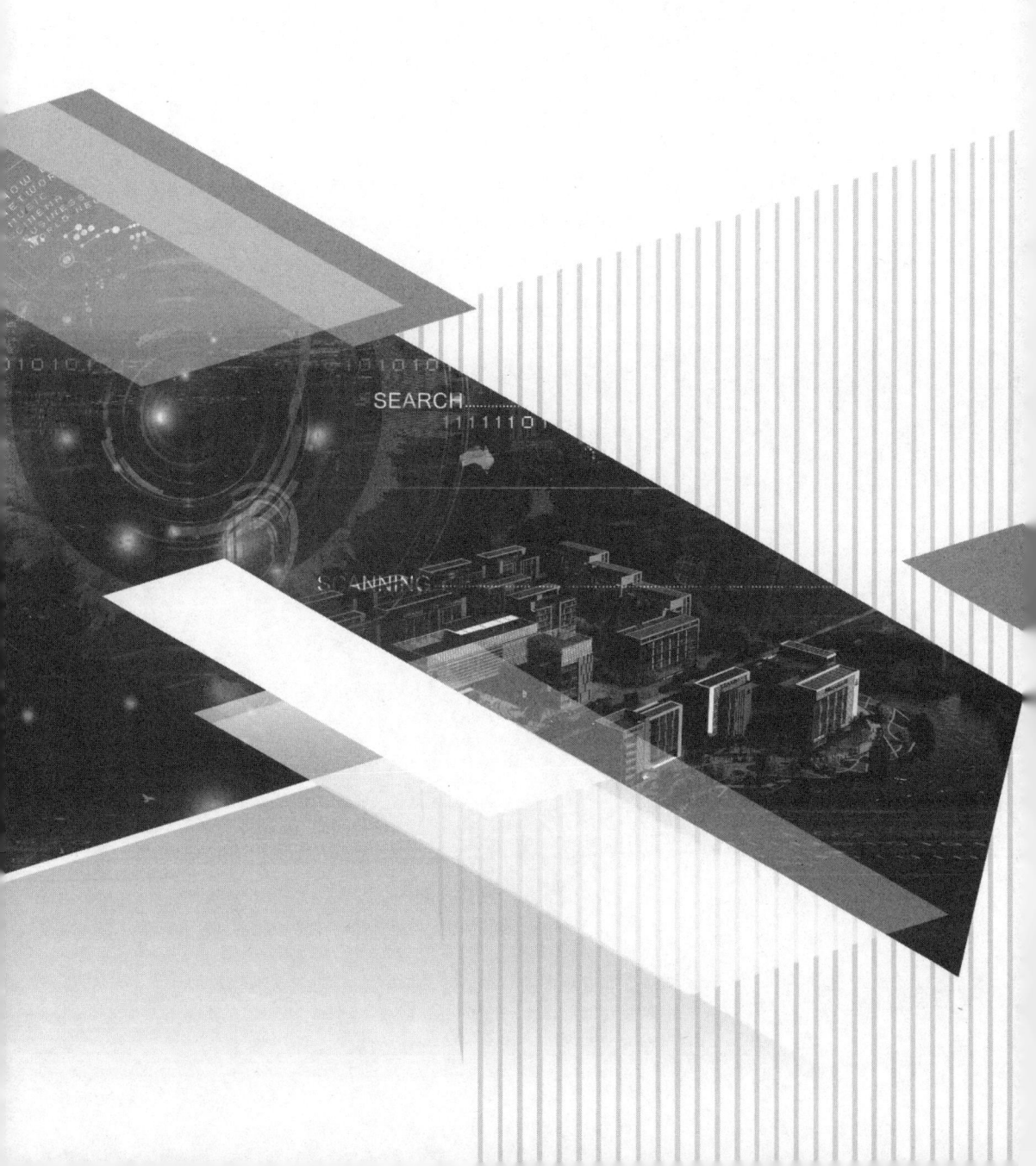

第一篇 緒論

第一章　乡村振兴背景下现代农业生产及农业风险

第一节　乡村振兴背景下现代农业生产概述

"三农"问题是影响国家兴衰、社会稳定的重要问题。我国提出了乡村振兴的伟大战略，以帮助广大农民适应新时期的发展。实施乡村振兴战略，必须坚持产业兴旺、生态宜居、乡风文明、治理有效、生活富裕的总体要求，建立和完善城乡一体化的制度和政策体系，加快农业农村现代化进程。其中，产业兴旺指的是要促进产业的发展，把更多的资本、技术、人才等要素吸引到农村来，充分调动农民的积极性和创造性，形成现代农业产业体系，促进农村一二三产业融合发展，保持农业农村经济发展旺盛活力。要建立现代农业产业体系、生产体系、经营体系、农业扶持与保护体系，发展多种形式的适度规模经营，需要培育新型农业经营主体，健全农业社会化服务体系，实现小农户和现代农业共同发展。要实现从传统农业到现代农业的转型，就必须正确理解现代农业的基本含义和发展基础。

一、现代农业发展的基础

现代农业是继原始农业和传统农业之后，农业发展的一个新阶段。从全球来看，随着封建土地制度的废除、资本主义商品经济的发展和近代工业的发展，传统农业逐渐实现现代化。目前，全世界很多国家已经实现了农业现代化，农业的劳动生产率、土地产出率、商品率均空前提高。农业是我国国民经济重要的现代基础产业，实现农业现代化可以为其他产业的发展提供物质基础。

现代农业的建设，是指以现代化的物质条件装备农业，用现代科技改造农业，以现代化的工业系统来推动农业，以现代发展理念引领农业，培养新型农民，促进农业发展，提高农业水利化、机械化和信息化水平，促进农业结构转型和农业制度改革，提高土地产出率、资源利用率和农业劳动生产率，从而进一步提高我国农业经营效益和国际竞争力。

（一）科技进步为现代农业发展提供有力支撑

现代农业是在科技进步的基础上发展起来的，是现代农业科技不断创新和突破的结果。19世纪30年代，由于细胞学理论的提出，农业科学研究进入了细胞层面，改变了人们对以往依靠人类经验和直观描述传统农业的认识。19世纪40年代，矿质养分理论的提出，极大地促进了化肥的推广和化肥行业的发展。19世纪50年代，生物进化学说的诞生，为生物遗传变异和选择规律的研究提供了理论依据。20世纪初期，学界利用杂交优势理论对农业进行了大量的研究。滴滴涕等杀虫剂的开发和生产，对我国农药的推广和农药产业的发展起到了重要的推动作用。从此以后，现代科技的飞速发展和它在农业中的传播和运用，极大地拓展了农业科技的范围，提高了农业的生产力。信息技术的发展与应用促进了现代农业的发展，特别是在农业科技传播、市场供求协调方面发挥着巨大作用。

（二）现代工业装备为现代农业发展提供物质条件

传统农业是在自然条件下依靠传统方式进行自给自足生产的农业体系，而现代农业则是个开放的、高效的农业体系，它需要更多的现代化的设备和投入。总结发达国家的实践经验，主要体现在四个方面：第一，以工业化推动农业现代化。在钢铁、机械、化工、能源等现代产业的大力扶持下，大力推进农机、化肥、农药的使用。第二，以机械力代替人（畜）力，以信息技术代替手工。这是现代农业技术革命的一个重要组成部分，也是现代农业发展的一个重要标志。第三，城市化带动了农村劳动力的流动，同时，农村人口的不断减少、非农产业的不断扩张，使得城市化进程不断向前推进，加速了农村经济的协调发展。第四，农业机械化促进了农业生产力和土地生产力的发展。

（三）专业化、规模化、集约化是现代农业的主要标志

20世纪90年代初期，为与现代农业发展的需要相适应，国家提出农业产业化发展思路。在发达国家，无论农户的规模如何，都是以农户为基础的农业经营单元，以社会化服务的形式将其与大市场联系起来。随着市场经济的迅速发展，市场竞争日益加剧，家庭经营和其他各种经营模式有机结合在一起，实现了产业化和一体化经营，从而推动农业生产向专业化、规模化、科学化、商

品化发展。目前，我国农业产业化发展迅速，农民专业合作社的出现和农民的规模越来越大，共同推动着现代农业发展。

（四）统筹城乡发展是现代农业的根本条件

农业是一个与自然、经济相互联系的产业，它的发展受自然、生物、市场等方面的影响。目前，我国农业生产发展面临着数量、质量、品种等方面的挑战。在此背景下，如何协调好工农关系、统筹城乡经济和社会发展、支持和保护农民权益、加快农村传统农业向现代化转变等问题，就显得尤为重要。作为"一切人类生存的首要条件"，农业的基础性、公益性和战略性特征明显，发达国家和新兴工业化国家及地区在其发展的各个时期都对农业实施了一系列的扶持和保护措施，包括价格、信贷、税收、贸易、资源、科技、教育等方面的政策，从而促进了现代农业的发展。2019年的政府工作报告提出，要尽快建立起一个积极的、协调的城市和农村发展模式。当前，我国已经具备全面协调经济和社会发展的实际条件，为城乡联动发展的格局奠定了基础。

二、现代农业的主要特征

推进传统农业向现代农业转型和农业生产、经营模式的转变，是现代农业发展的重要内容。与传统农业相比，现代农业具有五个主要特征。

（一）市场化逐步走向成熟

市场经济是发展现代农业的重要制度基础，是实现资源配置的重要基础。在市场经济中，农民从事农业生产，其根本目标不在于自给自足，而是通过为市场供给农业产品，获得最大的实际收益。现代农业建设要打破传统农业的封闭、低效、自给、半自给限制，坚持以市场需求为导向，采取专业化、一体化和产业化的发展模式，优化农业结构和生产布局，提高投入产出效率。与此同时，通过市场化加强农产品的现代流通，扩大农产品的市场份额。

（二）广泛运用工业设备

工业设备是现代农业发展的重要基础。在农业从传统农业向现代农业转变的过程中，农业机械化水平是衡量现代农业发展的重要指标，而且农业机械化也是实现农业现代化、提高农业核心竞争力的重要途径。因此，现代农业的发展需要打破传统农业生产过程对自然的依赖性，利用现代工业所提供的技术和装备，提高农业的基础条件和抗灾能力，进而提高农业的生产效率。

（三）先进科技的推广和应用

现代农业的发展离不开先进技术的支持。随着科学技术的发展，农民整体素质的不断提升，先进技术已经形成一股强劲的推动力，推动着现代农业的发展。现代农业的发展历程，本质上是将先进科技运用到农业生产中，利用现代科技手段对传统农业进行改造，利用现代农业科技知识培育和造就新型农民的过程。现代农业的生产、加工、运输、销售等各个方面都需要融入先进的科技手段。农业科技的发展，促进了农业管理体制、经营机制、生产方式、营销方式等方面的改革，进而促进了农业的可持续发展。

（四）工业系统日趋健全

工业系统的健全是现代农业发展的一个显著特征。现代农业在许多方面取得了重大突破，其发展已经超越了过去只限于种植业、畜牧业等初级农产品生产的狭窄区域，从动植物到微生物，从农田到草原，从土地到海洋，从初级农产品向食品、医药、能源等方向扩展，生产链条不断延伸，并与现代工业融合。而在现代农业中，资源的分配和利益的分配也是通过整合的方式来实现的。农业生产的产前、产中、产后的衔接紧密，农业生产的专业化、农产品的商品化、农村服务的社会化，都成了农业生产一体化的必要构成要素。

（五）对生态环境的日益关注

强调农业发展和生态环境协调发展是我国现代农业发展的根本趋势。近年来，世界各国都在转变传统农业的发展方式，重视土地、肥料、水、药、动力等方面的资源节约和利用，重视生态环境的治理和保护，以新的自然科学成果为依托，发展"有机农业""生态农业"。不难发现，现代农业是一种以资源禀赋为基础的生态农业和可持续发展农业。

三、现代农业发展的主要模式

中国地域辽阔，资源禀赋差异大，经济发展水平参差不齐，发展现代农业不能"一刀切"，要避免采用单一的发展方式，应因地制宜选择合适的农业生产模式。当前，我国应着重考虑选择下面四种现代农业发展模式。

（一）资源节约型现代农业模式

我国的耕地资源紧缺，人地矛盾、可利用的资源和粗放管理的矛盾、资源利用率不高等问题越来越突出。要大力发展"精准农业""无土栽培""旱作农业""节水农业"，建立资源节约型现代农业发展模式。

（二）劳动密集型现代农业模式

我国农村劳动力资源十分丰富，发展劳动密集型现代农业在我国有着巨大的比较优势。在大力发展蔬菜、水果、花卉、畜牧、水产等劳动密集型农业的过程中，能最大限度地解决人多地少的问题，并不断提高农业生产效益。

（三）区域特色型现代农业模式

我国自然条件具有区域性、垂直性和过渡性的特点，这为区域性特色的现代农业发展创造了很多有利条件，可根据不同地区的资源、技术、地理条件，以及不同市场的切实需求，对其优势资源进行对比和选择，发展具有特色的设施农业、生态农业、观光农业、都市农业等，重点发展名优新农产品。要发展区域特色型现代农业，要以提升农业总体功能和综合效益为重点，以发展特色农产品生产和产业带为引导，突出产业特点，充分发挥农业生产区域优势。

（四）可持续型现代农业模式

加快发展现代农业，应从粗放式发展转变为集约化发展。在农业生产各个环节，要做到标准化、规范化、精确化，并实施产业化协作，以提高耕地利用率和综合效益，提高农业抗灾能力。大力发展生态、循环农业，大力推广立体种植、作物固氮、生物链等技术，将农业的经济效益和生态效益相结合，使农业的可持续发展能力得到明显的提升。

四、乡村振兴下现代农业的主要表现

（一）相互补充与经济发展

现代农业是实现乡村振兴战略、推进农村经济发展不可或缺的一环，是实现"乡村振兴""绿色农业""特色农业"的重要力量。推动农业现代化、科技化的进程要加速农业生产方式的转化，从单一的、分散的生产方式向机械化、集约化生产方式转化，提高农业生产的科技赋能，实现农业生产全产业链发展。在农村建立完善的社会化服务体系，为现代农业提供科学生产技术支持；同时在农村建立起专门的种植基地、加工区、服务区，从而为农村地区发展提供充足的技术软件和设施硬件支持。

（二）相互促进与增进效率

现代农业的发展离不开农村基础设施的建设完善，包括农村道路、水电、移动网络的建设改善，以及农村市场环境的优化。通过农村基础设施的建设完善，提高农产品流通速度，降低农产品流通成本；通过农村网络环境的改善，拓宽农民生产信息获得渠道，使农产品能够适应国内和国际市场的需要，从而持续提高农民的收入。

（三）相互提升与增加收入

实践表明，发展现代农业不但可以扩大农户的经营规模，而且可以为农户提供更多的可持续发展收入，如农产品的加工和销售可以提高农民的工资收入和非农收入，从而提高农民的总体收入水平。在现代农业的发展建设中，政府应提供政策支持和资金支持，逐步引导农村新兴产业、公益事业的发展，在现代农业建设中形成投资稳步增加、产业逐渐兴旺、消费累计增加的良性循环。

（四）相互拓展与扩大就业

政府、企业等社会资金对现代农业的投入，不仅可以创造更多工作机会，极大地提高农民的收入，还能推动新的生产、生活和生态工业的发展。发展现代农业和建立现代农业制度，可以促进部分农民转移到农产品加工业和社会化服务行业，可以把农村剩余劳动力从农村建设、原材料生产等落后产业转移到农村餐饮、文化娱乐、绿色农业等新兴领域。农村一二三产业规模的扩大与发展，能促进农村一二三产业良性发展。

（五）相互改善与生态保护

传统农业为提高和重塑农业生态系统做出了一定的贡献，但同时也带来了生态环境的破坏和污染。现代农业的发展以清洁生产、绿色产品和资源的再循环为目标，而实现农村的发展则要以生态宜居、治理有效的家园为目标。这需要严格控制化学原料的使用数量和种类，加强对农业生产、生活垃圾的无害化处理，加大对环境污染现象的整治力度，促进优质、高效、绿色农业发展，提高乡村风景生态的审美价值和休闲观光功能。

五、发展现代农业对乡村振兴的重大意义

发展现代农业，建设现代农业，是实现农村现代化的重大任务。目前，我国正处在由传统农业向现代农业转变的关键时期，根据国际农业发展的规律，结合我国的实际情况，国家相关部门提出了乡村振兴战略，以此促进现代农业的发展。加快农业由传统农业向现代农业转型，不仅是我国经济和社会发展的需要，更是为了迎接全球化的竞争与挑战。

（一）坚持发展现代农业是实现乡村振兴战略的重要措施

目前，我国经济已经从高速增长向高质量发展转变，处于转型、结构优化、增长动力转换的关键时期，经济体制的现代化建设成为我们国家发展的重要目标。实现乡村振兴的第一要务是产业兴旺，发展现代农业、建设现代农业体制、发展新型农业，是实现农村振兴的重要前提。

（二）坚持发展现代农业是推进农业现代化的必由之路

"三农"问题是关系国计民生的根本问题，是国家发展的头等大事。农业发展不起来，不仅会影响农村的发展，还会影响工业化、城镇化和整个国民经济的发展。因此，必须大力发展现代农业，建设现代化的农业系统，使农民的生产、生活环境得到持续改善，融合城乡发展，共同繁荣，促进国民经济的持续、协调发展。

（三）坚持发展现代农业是国家粮食安全的有力保障

中国是一个有着悠久历史的农业大国，传统农业在中国的发展、改革、现代化等方面起着重要作用。随着经济、社会的发展，我国对农产品的需求不断增加，加之国际农业化进程加速，传统农业生产过程已很难保证国家的粮食安全，也很难应对国家间的竞争与挑战。解决粮食安全问题，既要保证粮食的种植面积，又要增加单位产量。我国目前正处于工业化和城镇化加速发展阶段，保护耕地资源已成为当务之急。因此，要提高粮食的总产量，光靠增加耕地面积和播种面积是不够的，要发展现代农业，还要靠科技来增加单位产量。

（四）坚持发展现代农业是促进农民收入持续增加的有效途径

家庭收入、外出务工收入、种养收入是农村居民收入的主要来源。要想让农民的收入持续增长加，不断缩小城乡居民的收入差距，就必须大力发展现代农业，建立现代农业系统，提升农产品的增值和综合效益。这样，农民就可以依靠农业自身的收益，实现农业的稳定和发展，进而推动我国的经济快速发展。

（五）坚持发展现代农业能有效增强我国农业竞争力

在全球市场一体化的大背景下，我国的农产品市场处于高度开放状态。近几年，中国农业的出口和进口均有所增加，但进口增速明显高于出口，导致了我国农产品贸易的多年赤字。可以预见，未来我国的农产品贸易逆差仍然会存在较长一段时间。究其原因，主要是我国的农产品市场竞争力不强。因此，我国农业必须适应世界农业发展的趋势，提升农业的综合实力，增强农产品的国际竞争力。

第二节　乡村振兴背景下现代农业发展面临的主要问题

一、现代农业的经验借鉴及问题分析

（一）国外发展现代农业的经验

1. 以农业机械化为起步，以农业一体化为标志的现代农业

美国是这一模式的典型代表。美国国土面积大，但人口稀少、人均耕地资源丰富。美国政府大力扶持农业，提供金融支持、财政补贴、税收减免等诸多福利，促进了美国农业机械化发展。美国的农业近代化发展可以分为三个时期。

第一个时期：半机械化时期。这一时期是以人工、畜力为动力，按机械原理设计、生产的改进农用机械代替传统农具的过程，是农业机械化的初步发展。

第二个时期：以机械化为主时期。这一时期是以电力驱动为主的现代农业机械取代无机械动力农机具的过程，是机械化发展的一个重要时期。

第三个时期：全面机械化时期。这一时期是从 20 世纪 40—50 年代到 20 世纪 70—80 年代的机械化的成熟期。这一时期，不但农机具的种类增多，而且农机具的性能也得到了改善，能够满足精密操作的需要。

在经营模式方面，高度的农业专业化为一体化奠定了基础，农业一体化进而加快了向农业现代化转变的步伐。之后，农业部门在产业链条上形成一种新型的经营模式——农业垂直一体化模式。农业垂直一体化模式，按照与关联企业的不同关系或者与农民不同的联合程度，可以分为不同的形式。

第一种是将农业企业和农场联合起来。这种模式形成了一个由农业和商业组成的经济实体。

第二种是契约制度。农业合作公司与农民签约，在确定双方的职责和义务的前提下，将产、供、销结合在一起，但原来的工商、农场仍然是各自独立的实体。

第三种是农户合作社。农户在纵向一体化过程中直接参与，并作为整合的主要成分。农业的融合，使现代农业得到了极大的发展。

2. 以现代信息技术和先进农机装备为支撑的现代农业

这种模式的典型代表为欧洲。2017 年，欧洲农业机械协会（European Agricultural Machinery Association，CEMA）提出，未来欧洲农业的发展方向是以现代信息技术与先进农机装备应用为特征的农业 4.0。CEMA 拥有 11 个成员国，代表了大型跨国公司和众多活跃在该行业的欧洲中小企业。

精准农业是指精确管理田地的变化，用更少的资源种植更多的农作物，降低生产成本。农业生产者意识到，环境的各个方面包括土壤、天气、植被和水都是影响农作物生长的关键。然而，农民缺少精确测量、绘制和管理这些变化的工具。精准农业的提出可以帮助农民提高农业可持续性和环境保护意识，提高农业生产力和经济效益。

精准农业的实施需要借助先进的技术，如高精度定位系统是实现农业野外精准作业的关键技术。有了欧洲全球卫星导航系统伽利略，基本精度将更快地获得，并将更可靠地保持。自动转向系统，能够接管特定的驾驶任务，如自动转向、头顶转向、跟随场地边缘自动巡航。这些技术减少了人为错误，是有效现场管理的关键：①辅助转向系统在 GPS 等卫星导航系统的帮助下，向司机展示了在现场遵循的方法。这使得驾驶更加精确，但农民仍然需要控制方向盘。②自动转向系统可以完全控制方向盘，驾驶员在行驶过程中可以把手从方向盘上拿开，并能够时刻关注播种机、喷雾器或其他设备的运行。智能制导系统根据场地形状能提供不同的转向模式（制导模式），可与上述系统组合使用。

③控制交通耕作可以使用所有这些系统。

除此之外，还有测绘，可用于绘制包括土壤类型、养分水平等分层地图，并将这些信息分配到特定的田地位置。传感器和遥感能够从远处收集数据，以评估土壤和作物健康（水分、养分、压实、作物病害）。数据传感器可以安装在移动的机器上。系统组件之间集成电子通信，例如拖拉机和农场办公室之间、拖拉机和经销商或喷雾器和喷雾器之间。可变速率技术（VRT）能够根据植物生长或土壤养分和类型的确切变化对机器参数进行调整。

3. 以大数据和先进技术支持的现代农业

为了应对气候变化和全球农业竞争加剧等问题，英国政府启动了"农业技术战略"，利用大数据和信息技术提升农业生产效率，建立了英国国家精准农业研究中心（NCPF）。该中心的目标是建立一个世界级的平台，以解决区域、国家甚至全球农业和粮食安全问题，促进未来的可持续发展，并将与粮食生产需求和营养问题有关的能源节约、环境保护和全球气候变化考虑在内。该中心的核心目标：①定义和发展精准农业的原则和实践，并提供一个一流的内部、外部教育和培训项目。②与其他中心建立合作农业网络。③将研究成果转化为可开发的农业产品和服务。④确定、发展和提供中心咨询、工业和实验室支持服务，特别关注区域和全国业务的发展和增长。⑤确定、开发和交付一种设施，与大学的推广和营销支持活动联系起来。

国家精准农业研究中心（NCPF）已经完成了多个高科技农业项目，如利用高光谱成像、破坏性跟踪激光和精确喷洒有选择地识别和照射作物中的杂草项目，开发了一套可精确自主导航及环境感应的移动机器人系统，用于商业禽舍的数据收集。农业和农村混合可再生能源项目（FARMERS），探讨了使用综合能源系统降低农村社区（相对于城市社区）能源成本的可行性。目前，该中心正在进行最先进的研究，并在工业项目中进行实践，使世界各地的农民能够在优化资源利用的同时可持续地提高产量和利润。作为这项工作的一部分，国家精准农业研究中心将全球农业、商业、研究和学术组织联合起来，以促进和支持精准农业技术的发展和商业化，并努力将农业生产对世界的环境影响降到最低。

4. 以市场为导向，以加强农民素质教育、提高农民组织化程度为主体的现代农业

（1）以市场为导向，提高应变能力

市场需求是一项系统工程，它要求有丰富的市场信息，有快速灵活的产品

调节能力和较强的科学研究能力。荷兰农业的发展正是得益于这些特点。荷兰农业的目标是世界市场，而荷兰农产品则瞄准了国际市场。德国已经成为荷兰一个重要的农业出口市场，包括大众食物——荷兰番茄。由于德国的消费者把目光投向了其他国家的番茄，荷兰对德国的番茄出口遇到了困难。面对这样的局面，荷兰的农业研究部门迅速行动起来，在极短的时间里，培育出了新的番茄品种，从而重新占领了德国市场。这一实例表明，市场永远都在变动，即使是相对稳定的出口商品，也不能安于现状，要随时做出调整，以维持其市场领先地位。

（2）加强农民素质教育，提高农民组织化程度

发展现代农业，既要依靠高科技的应用与推广，又要依靠农民自身的高素质和组织化。荷兰的农业与畜牧业，尽管是家庭经营，规模较小，但各种形式的农业合作组织却构成了一个庞大的职业团体，利用这些团体的力量，可以收集各类信息、进行借贷和销售商品。荷兰的农业合作社覆盖了所有的生产部门，包括种子的种植、提供饲料和销售，这些均可以由合作社来完成。

荷兰有以下几类主要的合作社：一是信用合作社。在荷兰，这样的合作社在帮助农民扩大生产和更新设备方面起到了很大的作用。目前，九成以上的农户生产贷款都是由信用合作社提供的。二是购买合作社。它的作用是方便农民购买种子、饲料和肥料。另外，购买合作社还拥有自己的加工工厂。三是经销加工合作社。荷兰农业的销售网络就是因为这样的合作社统一布局而遍布全球。四是拍卖合作社。荷兰的鲜花可以用最快的速度被空运到全球主要城市。这不但为荷兰赢得了"鲜花之国"的美名，还带来了巨额的收益。目前，荷兰农场主中花农的工资是最高的。

荷兰农民的高收入和他们良好的教育水平有很大的关系，荷兰政府一直把农民的教育放在第一位。荷兰虽然不大，但却有342所农学院和培训机构，其目标都是服务于农民，服务于生产。在这种指导思想的指引下，农业教育、科研、生产三者是有机联系在一起的。尽管荷兰并未明确规定农民应受何种教育，但绝大部分农民都曾受过中专教育，且大学毕业生从事农业工作更是司空见惯。每一位农场主要在自己的生产中定期举行各种培训。农业科普专家通过各类培训，及时将最新的农业技术和技术知识传递给农民。

（二）我国发展现代农业的典型案例

1. 城郊型农村的生态农业带动现代农业发展

北京市大兴区北蒲洲营村是以绿色有机农产品为主导产业的城郊生态型新

农村,除此之外,还拓展了休闲观光农业,有机组成了现代农业体系。这个农业经营体系最典型的特点是用最小范围的规划实现最大功能的总体布局。按照该村的农业发展规划,以有机生态蔬菜为主产业,将村内的土地根据主业发展进行规划,包括农业生产区、牲畜养殖区、观光采摘区、基本田园区等。

在生态农业发展的同时,北蒲洲营村还兼顾了环境友好型农村的建设。环境友好型农村的建设需要合理配置农村的各项资源,推动农村的各类产业规范发展。在这一方面,上海市嘉定区毛桥村的做法非常具有典型性。该村将观光农业划分为农业生产区、生态工业区、生活区和观光农业区四大板块,充分利用土地资源,合理规划发展农业。这些围绕生态农业建设,最大化利用土地资源,分区管理产业资源,并根据中心城市发展定位农村发展需求的模式,就是城郊型农村现代农业经营的主要模式。

2. 农业产业化、农村工业化带动现代农业发展

在农业产业化发展方面,江苏姜堰区河横村规划瞄准现代农业,大力发展农业产业化。河横村地处江苏姜堰,具备非常优美的生态环境,以此优势开发了农产品品牌,大力发展高效农业和观光农业。其中最典型的特点就是农业产业深度开发,提升了农业的竞争力,提高了农民的利益。除此之外,还有山东寿光的三元朱村。这些依托各自特色产业发展的模式共同构成了现代农业发展的内容。

在农村工业化发展方面,湖南省桃江县灰山港镇向阳花村通过工业化带动现代农业发展。向阳花村拥有丰富的瓷土、石灰石、煤等矿产资源,后来又建成了向阳水泥二厂,并以此为契机,带动了村里矿产业、运输业、服务业的迅速发展,逐步形成了以建材、化工、矿业加工为主的支柱产业。向阳花村在工业发展喜人的形势下,并没有放松农业的发展。为了发展现代农业,村里与湖南农业大学建立了合作关系,湖南农业大学为其提供技术、资金办起了桃花江葛食品公司,建立了"基地+企业"的现代农业模式,呈现出良好的发展态势。

工业发展致富后带动农业发展,形成农业产业化是农村发展过程中最普遍的现象。向阳花村发展的特点主要表现为将发展现代农业与智力支持结合在一起,和高校建立合作关系。一方面,指导现代农业的发展;另一方面,不断培养、提高农民的基本素质,使之适应现代农业发展变化的需要。

(三)我国发展现代农业面临的问题

近几年,我国的农业发展取得了很大的进步,但从总体情况看,仍处于传

统农业向现代农业发展的过渡阶段，还面临一些制约现代农业发展的深层次矛盾和问题，如专业化水平低、技术含量低、人才缺乏等。

1. 农村经济发展不够快，农村组织结构不健全

与发达国家相比，我国的农业产业化程度相对较低，产业链较短，农产品的加工附加值和转换效率相对较低。且在我国的农业产业化进程中，农户与龙头企业之间的利益联系还不够密切，而社区集体经济组织的协调、管理和服务功能又不能充分发挥，农民专业合作社的发展还处于起步阶段，这都成为制约我国现代农业发展的重要因素。

2. 农业基础设施薄弱，劳动生产率低

从整体上来看，我国的农业基础设施建设依然很薄弱，农机设备、水利设备与现代农业发展的需求存在着较大差距，农业抵御自然灾害的能力并未得到显著提高。这不仅限制了农民生产力的提高，也限制了农业劳动效率的提升。

3. 严重的资源冲突和退化的生态环境

我国的耕地、水源等天然资源十分匮乏，短期内很难实现转变。近几年，随着城市化、工业化进程的加快，非生产性建设用地数量迅速增长，耕地面积逐年下降，水资源分布不平衡，人均占有水量不足全球的 1/5，农业资源矛盾较突出。同时，土地的品质也不容乐观，工业"三废"对农业环境造成了较大的危害，而农业本身的非点源污染已经成为最大的污染来源。

4. 科技支持力度依然不足，成果的推广和应用进展缓慢

一是由于科技在农业发展中所占比重偏低，落后于农业发达国家 20 多个百分点，与新一轮农业技术革命的需求相去甚远；二是当前农业技术的利用率不高、普及率不高，尤其是基层的农业技术推广系统不健全，存在人员短缺、管理体制不完善、业务素质不高、服务手段落后等问题；三是我国农业科技资源匮乏，农业科技创新难以实现重大突破。而农业科技的创新与推广应用，对发展高产、优质、高效、生态、安全的现代化农业发展具有重要的支持作用。

二、乡村振兴背景下现代农业体系发展建议

建立现代农业制度，促进农业现代化，既是当前世界农业发展的趋势，又是加速实现现代化的重要任务。为此，要从优化农业生产结构、培育"新农体"、提高生产机械化水平等方面入手，健全现代农业产业体系、服务体系和管理体系，推进我国农业农村现代化建设和乡村振兴。

（一）农业结构的优化和工业系统的完善

将现代农业的横向扩展与纵向延伸有机结合，以解决农业资源的要素配置与供给效率问题为核心，是现代农业综合素质与竞争能力的重要标志。现代农业更加强调现代化高科技，这也是现代农业的核心能力。优化我国农业产业体系，应重视发展和利用高科技，充分发挥农业多方面功能，扩大农业广度和深度，推动农业结构优化和升级。

1. 夯实基础，确保粮食安全

（1）坚持实行最严厉的土地保护政策

全面划定永久基本农田，重点发展粮食等主要农产品产地，大力开展农田水利、土地整治、土壤保护和高标准农田的建设。

（2）健全土地利用补偿机制

要注重空间均衡和生态效应，积极探索建设用地国家统一补充耕地补偿制度，探索多种方式实现建设用地补充责任，推进补充耕地的国家统筹，全面推进建设占用耕地耕作层剥离再利用。

（3）设立粮食生产和主要农业生产保护区

完善粮食主产区的利益补偿制度，持续推进优质粮食、高标准农田、粮食丰收等技术项目，确保小麦、水稻等口粮的种植面积稳定。

（4）改善食品保障制度

进一步推动粮食生产、消费、库存、进出口等方面的监管与控制，健全粮食安全预警体系，保障粮食市场的稳定。

2. 加快农业结构调整，促进一二三产业的融合发展

第一，加快农业结构调整，促进粮食经饲统筹，农林牧渔结合，发展种养结合。主要包括：调整农业种植结构，加强棉花、油料、糖料、大豆、林果等优势产区的发展；综合考虑农业生产规模、资源、环境容量，大力推进"以粮代饲""种养一体化"的方式，促进"三农"发展；通过分区推进现代草业、草食性畜牧业发展，提高畜禽水产标准化、规模化生产，推动乳品质量发展；推进园林产品质量提升项目，大力发展特色经济林和林下经济。

第二，合理布局区域内农产品生产，集中力量打造现代农业先行试点。

第三，加速多层次利益联合机制的构建，不断增强农产品产业链和价值链的有机融合，改进融合模式和融合主体的构成，增加农民获取收益的渠道。不断拓宽现有农业加工、生产服务的广度，将农业与旅游、教育、康养等服务和

功能深度联合，激发农业、农村的多种发展要素，持续增加农民的财产性收益。

3. 确保农产品质量安全，促进农业可持续发展

（1）实行标准化的农业生产

标准化的农业生产能够提高农产品食品安全。增强农产品安全生产意识、严控准入和准出机制，让农产品的生产全链条可追溯，产品质量严格把控才能形成对农产品的全流程的食品安全监管体系。除此之外，对于农业饲养牲畜、家禽等动物的疫病的防治和监管也应该形成标准化的流程。唯有如此，才能锻造高质量的农产品品牌，实现品牌与口碑的双丰收。

（2）积极发展绿色农业

绿色农业的推广需要减少农药的使用量，推进精准高效施肥的具体做法。推行"种养结合"循环农业示范项目，促进畜禽养殖废弃物的资源化、无害化处置；推进农村非点源污染综合治理，推动耕地保护，提高耕地质量，建立农业可持续发展试点示范基地。

（3）增强国际农业合作

完善农产品贸易管制机制，优化进口产地布局，在保障供应的前提下，扩大优势农产品的出口，适当增加我国紧缺农产品的进口；大力发展国外农业合作项目，建立大型的海外生产、加工、储存、运输基地，培养具有国际竞争力的跨国农业企业；扩大农业的国际合作，促进多国农业技术合作。

（二）强化科技支撑，完善现代农业生产体系

现代农业生产体系是由生产技术的软件系统和硬件系统构成的，其主要目标在于提高农业生产的效率。构建现代化的农业生产体系需要从硬件设备上武装农业，辅之以先进的科学技术服务农业，同时采用现代化的生产模式改进农业，改变传统的农业生产要素投入模式，促进农业高质量、高效率的发展，从根本上提高农业各类资源的使用效率，不断增强农业的生产能力以及抵御各类风险的能力。

1. 加大科技支持和健全现代农业技术体系建设

要加强农业科研机构的创新，必须优化农业科研机构的创新环境，提高农业科研经费的投入以及国家或者区域性科研机构的创新动力。设立农业研究专项课题，以此激发农业科研工作者的热情，尤其要加大对现代农业发展科研项目的资助，提高技术创新人员的补贴。创新农业科技方法，重点支持自主创

新，尤其是在生物育种、农机设备以及绿色发展等技术研发方面。除此之外，还要实施优良品种技术攻关，实施新品种更新行动计划，建设国家育制种基地，培育壮大种业龙头企业；推动粮食生产全过程机械化，推动农技一体化。要完善和活跃农村技术推广网络，积极探索农村实用技术成果的有效途径，完善农村技术推广制度，充分利用高校的优势，提高基层农业科技成果转化能力；继续加大科技推广力度，加大科技力量建设力度，加大科技投入力度，坚持政府扶持和自主发展并举，努力提高科技对农业的贡献。

2. 推进农机化进程

农业机械化是我国农业现代化程度的一个重要指标，也是我国农业发展水平的一个重要指标。大力发展农业机械化，提升农业机械化水平，应从政策扶持、技术培训、资金支持等方面入手。

（1）健全农业机械产业政策支持系统

要健全相关法律法规，加强支持政策的贯彻，依法推进，依法监管，为农业机械化发展创造良好的条件。

（2）加速农业机械化的发展

要建立健全农业社会化服务制度，把主要粮食生产机械化作为重点，扩大农机化服务范围，实现农机作业系列化、专业化服务，大力推进农业服务产业化。

（3）加强农业机械技术培训

要加强对农机化专业技术人员的培训，提高农业机械专业技术人员的服务能力，提高农业机械企业的经营管理水平。

（4）加强对农机的监管

强化农机化标准化体系，提高农机化产品的检测、鉴定和质量认证；强化农机安全监管，建立安全宣传教育、技术检查、执法监管三道防线。

3. 强化信息化建设促进农业信息化

第一，强化农村信息化基础设施建设和农业信息化平台建设，利用信息化技术装备农业，完善农业信息收集、发布制度，整合涉农信息资源，推动农业信息数据收集整理规范化、标准化，推动信息技术与农业生产管理、经营管理、市场流通、资源环境等的融合。

第二，加强公共农业数据库的建设和农业大数据的应用，提高农业的信息化水平。

第三，积极发展"互联网+"的现代农业，把物联网、区块链、AI技术等现代信息技术应用于农业全产业链的发展过程中。

（三）发展适度规模经营，构建现代农业经营体系

现代农业经营制度是现代农业经营主体、组织方式和服务模式的有机结合。

建立现代农业经营体系首先需要制度创新，从顶层设计上构建现代农业经营促进机制。其次是人才队伍的培养，加大对具备现代化专业技能包括生产技能、经营技能以及营销推广技能等的农民队伍的培养。再次是促进多主体合作或者联合，采用多元化的经营模式提高农业的集约化、规模化、组织化和产业化，不断提高现代化农业的发展质量和发展水平。

1. 健全农村土地制度

重点是巩固和健全农村土地制度，深化土地制度改革，健全所有权、承包权、经营权"三权"机制，促进土地经营权合理流转，实行代耕代种、联耕联种、土地托管、股份合作等多种形式的农业经营模式。

要继续推进土地承包经营权的确权和经营权分置制度，加强土地承包经营权纠纷的调解和仲裁，发展土地流转、托管、入股等多种形式的适度规模经营。

2. 健全政策制度促进"新农体"的培育

发展适度规模经营，发展专业大户、家庭农场、农民合作社、龙头企业等"新农体"经营方式，促进家庭经营、集体经营、合作经营、企业经营多模式共同发展。建立有利于"新农体"发展的政策制度，加强财政、金融、保险等方面的支持和引导，支持发展种养大户、家庭农场、农民合作社等"新农体"，引导和促进农民合作社规范发展，培育壮大农业产业化龙头企业；鼓励和扶持企业对现代农业进行投资，发展新型农业合作组织；积极探索"保险+合作社+银行"等新型服务模式，提高农业农村资金融通能力；通过股份制、股份合作制等形式，鼓励农户参与规模化、产业化经营，探索农业全产业链发展模式。

3. 加大对"新农民"的培训

建设现代农业经营体制，需要培育新型专业农民，培育高素质的现代化农业生产经营者。发展现代农业，有文化、有技术、有经营能力的"新农民"是关键。要积极推进"新农民"培养计划，将返乡农民工纳入"新农民"的培养体系，并在此基础上探索"政府采购农民工就业培训"的公益性服务，引导农民工、大学生到乡村创业，发展现代农业，成为"新农民"；要建设适合现代

农业的技术教育和职业教育体系，充分调动高校、科研机构的积极性；要通过多种渠道和形式的培训，重新树立农民的商品观念、竞争观念、利益观念等现代农业经营观念，提升农产品的竞争能力。

（四）增加投入，完善农业支持保护制度

农业扶持与保护体系的建立，主要是为了保证主要农产品的供给，促进农民收入的增加，实现农业的可持续发展。这主要表现为农业投入的不断增加、农产品价格与收储制度的完善以及农村金融服务的创新。

1. 加强农业基本建设，不断加大对农业的投资

加大对农业的投资是发展现代农业的物质保障，能有效巩固农村经济基础。同时，应不断开拓新的投资渠道，逐步建立起由农民筹资投劳、政府持续加大投入、社会力量广泛参与的多种投资机制。

（1）构建农业投资增长机制

积极调整财政支出、固定资产投资、信贷消费结构，使中央、省级、市级和县级财政对农业的投资总额增加超过财政经常性收入的增幅，为现代化农业建设构建长效稳定的投资增长机制。

（2）优化财政支农支出结构

提高农村金融支持政策运行效率，创新涉农资金的融资方式、运作机制和保障措施，进一步推进农村金融体制改革，围绕重点项目、重点地区进行涉农资金融资，引导农民和社会各界加强对现代农业的投资。

（3）改善农业补助体系

近年来实施的各种补助政策受到了广大农户的欢迎，通过不断巩固、完善和强化，逐步形成了目标明确、受益直接、类型多样、操作简便的农业补助体系。但这些远远不够，还应逐步加大"绿箱"补助的规模、范围，推进"黄箱"政策的调整和完善；建立耕地保护补偿制度；健全农机购置补贴政策，重点倾斜于种粮农民、新型经营主体和粮食主产区。

2. 健全粮价与储备体系，强化粮食安全保障

（1）深化农村金融体制改革

重点要以市场需求为导向，优化农业资源配置，提高农产品有效供应，提高供给结构的适应性与弹性。同时，坚持市场化的改革方向，兼顾农民的利益和财政的承受能力，促进产业链的协调发展，优化市场调节机制。

(2) 探讨试点农产品的目标定价

按照市场定价、价补分离的原则，继续实行和完善稻麦最低收购价，深化棉花和大豆目标价格改革；积极稳妥地推动玉米的价格形成和收购制度的改革，建立健全玉米生产者补贴机制。

(3) 粮食安全与储备项目的实施

合理确定粮食和其他主要农产品的储备规模，改革和调整储藏的管理制度和调运机制，引导流通、加工企业等多种市场主体积极参与，推动智能粮库建设和节粮减损制度建设。

3. 加强农村金融服务建设，健全农业风险防范机制

加快推进农村金融一体化改革，形成以商业金融、合作金融、政策性金融和小额信贷互为补充，功能完善的农村金融服务体系。首先，要充分利用各种金融机构的支持功能，大力发展农村的普惠金融机构。要健全发展商业金融、政策性金融支持农业发展和农村基础设施建设的政策体系；加强农村信用社的服务功能；大力发展农村信用社等多种形式的金融组织，稳妥推进农户合作社内部资金互助的试点工作；建立和完善农村信用担保制度。其次，要建立健全农业风险控制体系。强化灾害、重大动植物疾病的预测、预警、应急机制，增强农业的防灾减灾能力；稳妥推进"保险+期货"的试点工作，拓展保险范围和优化保障层次；建立中央和地方财政支持的农业再保险制度，鼓励龙头企业、中介机构和农民积极参与。

第二章　我国农业保险的基本情况

农业容易受到自然灾害、病虫害等的侵害，一些农民害怕受到损失而不愿意采用新技术和扩大再生产，从而影响到农民增收和农业发展。农业保险以农作物、牲畜等为保险标的，根据保险合同约定，在农民从事种植业、养殖业的生产过程中，遭受自然灾害或意外事故，而致农作物歉收、损毁或牲畜伤亡等损失时，保险人应负责赔偿。农业保险为农业上了一把"保险锁"，可减少意外事件造成农民收入不稳定现象的发生，能够有效调动农民扩大再生产的积极性，促进农民引进农业种养新技术。但保险对农业生产和农民收入的"稳定器"作用，是通过各种农业保险产品的供给来实现的。不同的农业保险产品，保障的对象或承保的风险是不同的，所起作用也不相同，对保险经营技术的要求也存在差别。因此，分析和掌握农业保险产品的特点、产品体系的构成，是开展好农业保险工作的基础。

第一节　农业保险概述

农业保险和财产保险既有联系又有区别，它们均属于财险范畴，但是农业保险的标的又区别于一般财产保险，具有鲜明的特点。当前我国农业保险处于新的试点阶段，探索农业保险的独特性对加快我国农业保险发展和健全政策性农业保险制度、维护农民利益、促进农村发展具有重要意义。

一、农业保险与财产保险的关系

（一）农业保险具有财产保险的一般特征

1. 农业保险的购买人必须对农业标的具有可保利益

农业保险合同的签订和履行，必须遵守诚信原则和保险利益原则。农业保险的投保人或被保险人必须对投保的农业保险标的具有可保利益。并且,与普通财产保险一样,在保险利益时效上,主要是要求在保险标的发生风险时被保险人具有保险利益即可,而在投保之初(如在作物还未种植时)有无可保利益无关紧要。但如果在农业保险标的出险时,被保险人对出险标的不具有保险利益(即被保险人与损失标的之间无经济利害关系),则保险合同无效。

2. 农业保险属于损失补偿性质的保险

农业保险与普通财产保险一样属于损害保险。保险人仅对被保险农民因承保风险造成的农业标的损失,根据损失程度进行补偿。没有损失发生,则不赔偿;损失越严重赔偿越多,但赔款额不能超过实际损失额,不能让被保险人从农业保险中获取额外利益。

3. 购买农业保险是一种互助行为

农民通过购买农业保险,使个人风险得以转移、分散。由保险人筹集保险基金,当被保险人因约定风险发生而受到损失时,可从保险基金中获得补偿。将一人的重损失变成多数人的轻负担,从而实现"众人为我,我为众人"的社会互助。

4. 农业保险的交易以对价交换为基础

农业保险的设计必须以对价交换和精算平衡为基础。在农业保险的交易中,同样要体现权利与义务的统一,即农民只有缴纳保费才能享受保险保障。这不同于灾害救济,只是资金权利的单方面让渡。当然,在政策性农业保险制度下,由于政府承诺给予一定的保险费补贴,农民个人通常只需要缴纳少量保费就可以获得农业保险。但是,农业保险经办机构必须得到全部的精算保费收入,以保证农业保险业务收支平衡和保本微利。同时,参保农民个人也应该承担一定的缴费责任,只有这样才能更好地感受和珍视保险的功用,培养农民的互助精神。

5. 农业保险是合同行为,具有法律约束力

从法律上看,农业保险也是一种合同行为,双方根据合同履行权利义务。农业保险以合同为基础,依照合同约定,投保人向保险人缴纳保费,保险人在被保险人发生合同约定的风险事故造成农业损失时给予补偿。

另外,农业保险与普通财产保险一样,也具有防灾防损职能,而且更强于其他财产保险。因此,购买了农业保险的农民,还可以获得保险机构提供的农业防灾防损及风险管理方面的增值服务。

(二) 农业保险不同于一般财产保险的特点

1. 农业保险标的的生命性带来的产品特殊性

一般财产保险承保的标的物，通常都是无生命的财物或经济利益。与此不同，农业保险的标的大多是有生命的农作物或饲养的家禽家畜、水产动物等，其在生长发育过程中面临自然力和人力的双重作用。由于农业保险对象多为生命体，受到生物特征的显著限制，与其他财产保险相比具有明显的差异。

（1）农业保险标的价值的多变性和最终确定性

农业保险标的的价值总是在不断变动，直到其完全成熟或者收割时，才会被最终决定。在这之前保险标的还处在价值的孕育期，并没有形成相对独立的价值形态。因此，农业保险金额的确定、定损时间、方式等都有别于一般财产保险。在农业保险中，变化保额和二次定损技术是农业保险独有的。

（2）农业保险标的的生命周期性

农业保险标的的生命周期、生产（时间）等方面的规律限定了农业保险经营的时间条件。农业保险的承保、理赔工作要顺应这些规律，不能违反。

（3）农业保险标的的生命性和复杂性

农产品的鲜活特性，增加了农业保险现场查勘的难度，也限制了农业保险的调查时间和理赔时限。如果投保人在投保后不能及时报告，就可能错失调查定损时机。同时，由于农业保险的主体类型多样、生命规律不同，对自然灾害、突发事件的抗御能力也不同，很难形成一个统一的补偿标准。

（4）农业保险目标损害后的自我恢复

农作物在特定的生命周期中具有自愈能力，因此，农业保险特别是农作物保险，在收割时往往要进行二次定损。

（5）农业保险标的的市场行情波动

由于受到标的自然再生产过程的限制，农业对市场信息的响应迟缓，存在着较高的市场风险，因此，保险公司在保险合同中要设定相应的道德风险预防条款。

总之，由于具有生命性的农业保险标的受自然再生产规律的限制，其经营与一般财产保险存在较大差异。农业保险的经营人要遵守这些规律，如果一味地照搬一般财产保险的经营规则，会造成不必要的损失。

2. 农业保险的特殊性带来的产品特殊性

农业的主要活动是在露天下进行的，农业所面临的风险主要是自然风险，农业保险所保风险也因此表现出特殊性，主要体现在以下四方面：

(1) 农业保险的风险保障能力低

首先，农业风险主要来自自然因素，如洪灾、旱灾、雹灾、虫灾等，其发生的时间和空间往往具有很强的时空关联性。其次，农业灾害涉及面广、影响范围广，给农民带来的经济损失是很难衡量的。农业风险中出现巨灾损失的可能性比较大。我国每年发生的洪涝灾害，直接经济损失高达数十亿元，均属重大灾害。

(2) 农业保险承保的风险单位较大

在农业保险中，风险单位是指保险标的（种植农作物或者养殖牲畜）发生一次灾害事故可能造成的最大损失范围。农业保险需要对不同的农产品和不同的农业生产环节面临的风险进行分析和评估，并为此设计相应的保险产品和保费定价策略。在农业保险中，一个风险单位通常由数以千计的保险标的组成，一旦发生巨灾风险，同一风险单位下的所有保险标的均遭受损失，使得农业风险很难在空间上进行分散。

(3) 农业保险的区域性特征显著

我国幅员辽阔，地质、地理条件不同，各类自然灾害发生的条件和频率在各地也具有不同特点，地域性特征是非常显著的。比如，南方地区多发生洪水，北方地区则干旱情况较多，沿海地区则容易经受台风，因此导致不同地区农民对于农业保险的品种需求也是不同的。

农业保险的区域性特点使得农业保险公司在提供服务时要结合当地的实际情况，制定不同的保险政策，设计不同的保险险种。保险公司在农业保险经营中，应注重区域划分、确定农业保险区域、合理布局农业保险品种、严格控制险种的种类和规模，在空间、时间上实现险种互补、以丰补歉，以分散农业保险的经营风险。

(4) 农业保险承保的风险存在着更大的逆向选择和道德风险

逆向选择和道德风险是保险业的普遍现象。然而，由于农业保险对象多为有生命的动植物，其生长和饲养都离不开人的行为，因此，在投保后，不可避免地会受人为因素的影响而增加预期赔偿。同时，由于地域广大、业务分散、交通不便、经营困难、监督成本高，农业保险面临着更加严峻的逆向选择和道德风险。

3. 农业保险的其他特殊性

(1) 未投保农民存在"搭便车"现象

农民投保后可以获得直接的经济赔偿，而未投保的农民则无法获得赔偿，但在保险的全过程中，保险业务的某一环节并不具有排他性。比如，在农业保险经营中，防灾防损是降低风险损失、降低经营成本的一项重要手段，而未投保的农民往往会存在"搭便车"现象。

（2）农业保险的费用与收益存在明显的外部性

尽管农产品的供求双方在短期内能够准确地测算出收益，但从长远来看，农产品（特别是涉及国计民生的基本农产品）的需求增长受限于人的实际需求限制，使得农产品的价格弹性和收入弹性都较低。因此，引入农业保险后，农产品的有效供应增加，价格下跌，使得整体福利水平得到改善，让全社会受益，而承保人和农民则不能直接受益。农户购买农业保险，其边际私营效益低于其边际社会效益，而农户的边际私营成本高于其边际社会成本，因此，其成本与效益均为外溢。而农业保险的"准公共物品"性质，也使得单纯的商业性农业保险很难取得成功。

4. 农业保险经营方式的特殊性

农业保险的特殊性决定了其经营模式的特殊性，具体体现在以下三个方面：

（1）农业保险供给模式的特殊性

一般财产保险是一种具有竞争性的私有产品，通常采取的是商业模式；农业保险产品属于"准公共产品"，它的"公共部分"应当是政府提供的服务。因此，农业保险应该采取以政策为基础的经营模式。政策性农业保险的本质在于政府对其进行净投资，并在此基础上提供法律和行政上的支持。在美国、日本、法国和加拿大等农业保险发达的国家，一般都是由政府提供50%以上的保费，保险公司承担部分或所有的经营成本。农业保险是国家保护农业的重要手段。长期以来，我国的农业保障政策主要依靠直接的农业补助和价格补助，在发生自然灾害时，国家直接向灾民发放补助，而对农业保险的投资力度却很小。要促进农业保险的健康发展，需要加大对农业保险的投资力度。

（2）农业保险经营中的季节性与周期性

农业生产本身以及受灾害影响具有一定的季节性和周期性，保险公司在农业保险承保过程中也具有较强的季节性和周期性。例如，农作物保险通常在春季进行，保险的有效期直至秋天收割结束后。因此，农业保险公司在经营农业保险品种时应注重在保险产品的投保时间、保险期间以及定损赔付技术方面进行改进，以充分适合"农时"。

农业保险经营绩效的周期性表明，不能仅从某年度的赔付率来判断农业保险（特别是单一险种）的运营效果，还应从灾情周期的时间跨度来衡量。这就决定了：一是农业保险的开办和参与应当是连续性的，至少要超过当地农业风险的一个周期，否则农业风险难以在时间上分散。二是农业保险的保险期间应当同农业风险的周期相适应，以真实地反映农业保险的经营损益。比如，可按照我国农业风险"两丰两平一歉"的总体规律，适当地调整农业保险的核算办法。

（3）农业保险经营的专业技术性和高风险性

农业保险经营涉及植物学、畜牧学、气象学、经济学等多学科，业务经营的专业技术性较强。在产品设计环节，要求设计者充分研究农业生产的特点，全面和专业地认识农业风险，开发出适应农业风险管理需求的产品；在承保环节，要求经营者进行深入的风险评估，对拟承保标的的生长特性、面临的风险类型及大小，进行全面评估和测算，从而科学确定承保条件；在理赔环节，要求理赔人员科学鉴定损失原因，准确确定损失大小。农业保险专业技术性强的特点，要求承保、理赔人员具备一定的农业专业知识，这也表明了农业保险人才队伍建设的重要性。

农业保险风险具有明显的巨灾特性，一次农业风险事故往往涉及数县甚至数省，特别是洪涝灾害、干旱灾害等风险事故一旦发生，则波及千万农户、上亿公顷的农田；一次流行性疫病，往往致使大面积的牲畜受灾。与此同时，农业生产在土地空间上的分散，决定了农业保险标的和被保险人的分散性，加之农村交通不便，给农业保险的展业、承保、理赔以及风险控制造成了极大困难，业务经营成本明显高于一般财产保险。例如，养殖业保险标的分布点多面广，标的出险时间、地点分散，查勘现场需要大量的人力、财力和物力，交通不发达的偏远地区一头猪死亡的查勘定损费用可能达到几百元。

二、农业保险的险种分类与产品体系

（一）农业保险科学分类的意义

随着农业保险事业的发展，对农业保险进行科学分类很有必要。首先，对农业保险进行科学分类，有利于执行国家的有关方针、政策和法律条令。其次，明确各种农业保险险种的性质特征，有利于掌握各种农业保险业务的运行规律，更好地综合发挥不同农业保险险种的职能作用。最后，准确区分保险标的和保险经营范围，有利于考核各险种的经济效益，加强农业保险的经营管理；合理制定、修改和完善各险种条款，有利于新险种的设计与实施。同时，对农业保险进行科学分类，还有利于国家保险管理机构对农业保险业务进行监督管理。

（二）农业保险险种的一般分类

农业保险是以农业生产者在从事种植业与养殖业生产过程中的农作物、林木、牲畜、家禽和其他饲养动物等为保险标的的各种保险种类的总称。依照不同的划分标准，农业保险有不同的分类。

1. 按农业生产的对象分类

（1）种植业保险

种植业保险是指为农作物生产提供风险保障的保险，例如农作物保险、森林保险、经济林保险、园林苗圃保险等。例如，森林保险是指以国有林场、集体林场、个人经营的人工林地和天然林作为承保对象，以在林木生长期间由火灾、雹灾、病虫害等农业风险导致的林木价值或营林造林生产费用（成本）损失为保险责任的保险。经济林、园林苗圃保险是指将不同的经济林种（包括这些林种的果实、叶、汁、皮等经济价值产品），可供观赏和美化环境的商品性珍贵树种的果实、叶、汁、皮等产品，以及可供观赏和美化环境的商业价值树种，作为承保对象，并承保因自然灾害而引起的损失。

（2）养殖业保险

承保动物性生产的保险标的的保险即养殖业保险，例如牲畜保险、家禽保险、水产养殖保险等。家禽保险是以鸡、鸭、鹅等家禽为承保对象的保险。保险责任是自然灾害、意外事故和疾病造成的家禽死亡损失。由于家禽存在非灾害事故下的零星正常死亡现象，在保险条款中应该根据家禽的正常死亡率合理确定免赔率。家禽的保险金额既可以实行定额承保，也可以根据家禽的生理生长规律，实行变额保额。

2. 按是否享受扶持政策分类

（1）政策性农业保险

政策性农业保险是指政府给予财政补贴等政策扶持的农业保险。其中，接受中央政府财政补贴等政策扶持的农业保险为中央政策性农业保险，仅接受地方政府补贴等政策扶持的农业保险为地方政策性农业保险。

（2）商业性农业保险

商业性农业保险是指保险公司与农业生产经营者直接签订商业保险合同，以商业盈利为目的的农业保险。农业保险的商业性试验在其他国家早有先例，但除了像雹灾、火灾这类损失发生概率很低和风险单位较小又较分散的单一风险的农作物保险以外，鲜有成功经营的例子。

3. 按保障程度分类

(1) 成本保险

成本保险是指以实际生产投入的物化成本为依据，按产品的生产成本来确定保障水平的保险。由于农业生产的费用是逐步增加的，所以通常采取变动保额和生育期定额保险。

(2) 产量保险或产值保险

产量保险或产值保险，是指以产量为依据，按产品产出量来确定承保水平的一种农业保险。在这些保险中，以实际的数量计算，叫作产量保险；按价值计算，叫作产值保险。由于农业产出是在产品的最后阶段才形成的，因此产量和产值的保险通常都是以固定比例的形式进行的。产量保险或产值保险一般采用不足额保险，而不足额承保的主要目标在于对道德风险进行控制。

(3) 收入保险

收入保险即以历年农业生产的平均收入水平作为确定保障程度的基础，根据产品产出量和目标价格水平两方面因素综合确定保险金额的农业保险。该险种既保障自然灾害等因素导致的产量损失风险，又保障市场因素导致的价格下跌风险。农产品收入保险对农业生产者的保护作用最强，但农产品价格风险属于经济风险，具有系统性风险的特征，传统的商业保险公司认为价格风险不具有可保性。然而，美国等国家近10多年来不断试点农产品收入保险，取得了巨大成功，我国部分保险公司近年也开始试点。

4. 按期限和交费方式分类

(1) 短期费用型农业保险

短期费用型农业保险保险的期限一般不超过1年，通常按生长周期承保，一季作物收获或牲畜出栏后保险责任就结束。在保险期间内发生约定的风险事故，保险人按合同规定承担赔偿责任；没有发生事故则不赔，所缴保费也不退还。投保人若连续投保，需在每次投保时按条款规定再次缴费。

(2) 长效储金型农业保险

长效储金型农业保险的保险期限通常是3年，投保人在购买保险时缴纳一定的储金，并将储金的利息作为保险费，在保险期间不需要每年缴纳，但在保险期间可以退还储金，比如小麦储金保险、林木储金保险等。

5. 按被保险对象的成长阶段划分

根据此分类，可以将农作物保险划分为生长期农作物保险和收获期农作物保险两大类。农作物保险是指以小麦、水稻等粮食作物，棉花、烟叶等经济作物为保险对象，以在不同作物的生长过程中，由自然灾害而导致的产量和生产成本损失作为保障的保险。这是一种与其他固定形式的财产保险不同的保险，农作物是依靠自身的生长功能和人工培育管理来获得的。在农作物的生长过程中，其收获的多少与土壤、自然状况有关，而各类农作物对自然灾害的抵抗能力也不尽相同。所以，在保险公司确定承保责任时，应考虑到不同农作物在自然灾害中的潜在风险。

(1) 生长期农作物保险

生长期农作物保险是以粮食作物、经济作物等为对象，以各种农作物在生长期间因农业风险造成收获量价值或生产费用损失为承保责任的保险。生长期农作物保险的对象是处于生长阶段的农作物，受自然条件和地理环境的影响大，具有较大的不稳定性，保险人要根据各种农作物的具体特点合理地制定保险条款。生长期农作物保险通常采取农作物成本保险和农作物收获量保险两种方式，并实行不足额承保。

(2) 收获期农作物保险

收获期农作物保险是以小麦、水稻、烟叶等农产品收割后的初级农产品价值为承保对象的保险。初级农产品是指农作物成熟后离开生长地进入场院、炕房，处于晾晒、脱粒、烘烤等初级加工阶段时的形态。收获期农作物保险是一种介于农业保险和财产保险之间的短期保险，其主要的保险责任有火灾、爆炸、雷击、洪水、风灾等自然灾害或意外事故造成的农产品损失，并包括发生灾害时因施救、保护、整理所支付的费用损失。这种保险比较普遍的有麦场火灾保险、炕烟保险、咖啡保险等。

6. 按保险责任范围分类

(1) 单一风险保险

单一风险保险又称单一险，是指只承保一种主要责任风险事故的保险，如棉花雹灾保险、小麦雹灾保险、林木火灾保险、场院火灾保险等。

(2) 多风险保险

多风险保险又称综合险，是指承保一种以上可列明风险的保险，如水稻保险可以承保旱灾、涝灾、风灾、雹灾、低温冻害等。

(3) 一切险保险

一切险保险简称一切险，是指除了不保的风险以外，其他的风险都予以承保的保险，相较单一险和综合险，其保险责任最全面。例如，美国、加拿大等国开办的农作物一切险保险，就承保了农作物所有灾害事故损失责任。我国目前还没有开办这类险种。

(三) 农业保险的产品体系

为了能全面反映保险业支持农业、服务"三农"的情况，在农业保险制度中，除了传统种植业、养殖业保险外，其他在农业经营和农村发展中所涉及的财产及人身的保险，即涉农保险，作为农业保险的相关业务也应该被包括进来。涉农保险与传统农业保险合在一起，就构成了广义的农业保险或"三农"保险的范畴。涉农保险制度的建立，是农业保险制度的一项创新，可以解决长期以来困扰保险业对"三农"保险的衡量问题，为"三农"保险的发展决策提供重要理论和实践支持。

广义上，我国目前的农业保险体系即"三农"保险由传统农业保险和涉农保险两大部分构成，如图 2-1 所示。

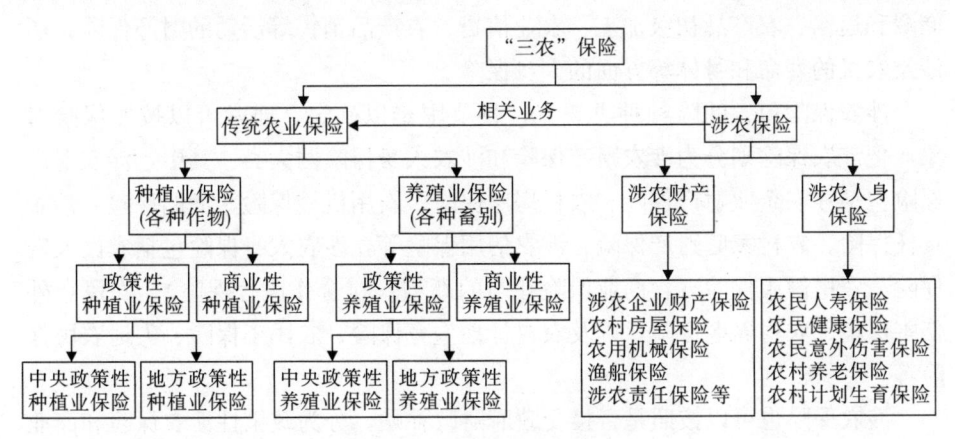

图 2-1 农业保险分类框架

1. 传统农业保险

传统农业保险包括种植业保险、养殖业保险两大部分。

（1）种植业保险

种植业保险指以农作物（包括粮食作物、经济作物、蔬菜园艺作物、果树等）为保险标的，对在生产或初加工过程中发生约定的灾害事故造成的经济损失承担赔偿责任的保险。按是否获得中央或地方财政扶持，种植业保险划分为政策性种植业保险和商业性种植业保险两类。其中，政策性种植业保险是指政府给予财政补贴的种植业保险。商业性种植业保险是指保险公司与农业生产经营者直接签订商业保险合同，以盈利为目的的种植业保险。

（2）养殖业保险

养殖业保险是指以饲养的畜、禽和水生动物等为保险标的，对在养殖过程中发生约定的灾害事故造成的经济损失承担赔偿责任的保险。按是否获得中央或地方财政扶持，养殖业保险划分为政策性养殖业保险和商业性养殖业保险两大类。

2. 涉农保险

涉农保险是指除农业保险以外，其他为农业、农村、农民直接提供保险保障的保险，涉及农业生产和农民生活等方面的财产保险和人身保险。涉农保险包括农用机械、农用设备、农用设施、农房等农业生产生活资料，以及农产品储藏和运输、农产品初级加工、农业信贷、农产品销售等活动的财产保险；还涉及农民的寿命和身体等方面的人身保险。

涉农保险包含的险种种类繁多，且范围难以确定。通常可以按照保险对象，把涉农保险划分为涉农财产保险和涉农人身保险两大类。其中，涉农财产保险包括涉农企业财产保险、农村房屋保险、农用机械保险、渔船保险、涉农责任保险、农村家庭财产保险、涉农信用保险等，涉农人身保险包括农民人寿保险、农民健康保险（含商业保险参与的新型农村合作医疗保险）、农民意外伤害保险、农村养老保险，以及农村计划生育保险、农民工保险、失地农民保险等。

涉农保险也可以按照是否接受政府财政补贴，分为政策性涉农保险和商业性涉农保险。但到目前为止，我国涉农保险还没有得到中央财政的保费补贴支持，不过，部分地方政府已经开始对农房保险、农机保险及渔船保险等实行财政补贴，支持涉农保险的发展。

第二节　农业保险经营组织

《农业保险条例》第二条第二款规定："本条例所称保险机构，是指保险公司以及依法设立的农业互助保险等保险组织。"目前，我国农业保险的经营组织共分为三类：第一类是保险公司，第二类是农业保险合作组织，第三类是非营利性社团组织。

一、保险公司

（一）综合性保险公司

1. 中国人民财产保险股份有限公司

中国人民财产保险股份有限公司（以下简称人保财险），是经国务院同意、中国保监会批准，目前中国内地最大的财产保险公司，其前身是20世纪50年代经中国人民银行报政务院财经委员会批准成立的中国人民保险公司。人保财险是"世界500强"企业中国人民保险集团股份有限公司的子公司。公司在香港联交所主板成功挂牌上市，成为中国内地第一家在海外上市的金融企业。

人保财险经营农业保险具有悠久的历史。20世纪50年代，成立不久的人保公司就在北京、山东、重庆等地试办牲畜保险，人保公司还在一些地区试办了农作物保险。后来人保公司的农业保险业务进入了长达24年的空白期。20世纪80年代以来，国务院决定逐步试办农村财产保险、牲畜保险等业务，人保公司全面恢复试办农业保险，在全国范围内进行了大规模的农业保险试验。无论经营体制如何变化，人保财险一直坚持经营农业保险，并在全国始终保持最大的农业保险市场份额。近几年，人保财险对农业保险高度重视，采取了一系列发展农业保险的措施：

第一，实施"三农"保险"一号工程"。人保财险将发展"三农"保险作为"一号工程"，成立了由总裁任主任的"三农"保险发展委员会，投入10亿元以上资金设立"三农"保险发展专项基金。

第二，构建农业保险管理部门。在总公司层面设立农业保险事业部，各级分支机构实行农业保险发展"一把手"负责制，明确专职分管领导和主管工作部门，各个省级分公司单独设立了农业保险管理部门，业务规模较大的地（市）、县级分支机构也设立了专门的农业保险部，负责本地农业保险政策的制定、业务的开展。

第三，构建"三农"保险基层服务体系。目前，人保财险的"三农"保险已经延伸到乡一级，保险服务站已经覆盖了全国农村地区90%的乡镇，在24万个行政村拥有总数达30万人的协保员队伍，初步构建形成了覆盖基本全面、管理较为清晰、服务日趋完善的"三农"保险基层服务体系。

第四,向提升服务和产能阶段转型。在物理网点搭建初步完成的基础上,人保财险将深入推进"一号工程"由建设布点阶段向提升服务和产能阶段转型。按照"思想认识到位、工作机制到位、财务支持到位、产品培训到位、信息管控到位、考核激励到位"的要求,持续完善农网布局,完善农网硬件和软件配置,加强产品与服务培训,健全综合管理制度。

2. 中华联合财产保险股份有限公司

中华联合财产保险股份有限公司(以下简称中华财险)是经中国保监会批准,由中华联合保险控股股份有限公司发起设立的全国性财产保险公司,其前身是由财政部、农业部专项拨款,新疆生产建设兵团组建成立的新疆生产建设兵团农牧业生产保险公司。20世纪80年代,按照《保险企业管理暂行条例》的规定,新疆生产建设兵团农牧业生产保险公司成立。这是新中国保险史上成立的第二家具有独立法人资格的国有商业性保险公司,标志着保险市场竞争的出现。成立初期,公司专营新疆生产建设兵团内部种、养两业保险。

20世纪90年代,中国人民银行批准公司经营新疆生产建设兵团范围内除法定保险和外币保险外的所有保险业务,并更名为新疆兵团保险公司。后经国务院和中国保监会批准,业务经营区域扩大到全自治区,同时更名为新疆兵团财产保险公司,在全自治区范围内开办各种财产保险、机动车辆险、货运险、责任险、农业保险、健康险、医疗险及短期人身保险业务。

2002年,经国务院批复同意,公司更名为中华联合财产保险股份有限公司。

(二)专业性保险公司

1. 安信农业保险股份公司

上海市历届政府领导均对农业保险工作投入了大量精力,从20世纪90年代起便提出了利用保险机制化解农业生产自然风险的提议,并积极推动政府部门、保险机构和其他金融机构共同成立、经营农业保险,这为后来农业保险的开展积累了大量经验。安信农业保险股份公司(以下简称安信农保)股东由中国太平洋财产保险股份有限公司等十二家市、区(县)国有资产管理公司组成,在浙江和江苏分别设立了分公司,以及其他中心支公司、支公司和营业部等机构。

安信农保除经营传统的种植业和养殖业农业保险外,还经营经中国保监会批准的财产保险、责任保险、信用和保证保险、短期健康和意外伤害保险及其他涉及农村、农民的财产保险及以上业务的再保险等。目前，安信农保经营的保险产品（主、附加险）共计400多个。

安信农保作为上海市唯一一家经营农业保险的公司，自成立以来，围绕"政府关注，农民需要"这一出发点，不断提高创新投入，在如何保证民生和服务"三农"方面进行了积极探索，这也为公司长期稳定持续的发展奠定了基础。

2. 安华农业保险股份有限公司

安华农业保险股份有限公司（以下简称安华农保）是在国家重视"三农"发展，提出健全农业风险保障体系、探索建立政策性农业保险制度的大背景下，由中国保监会批准成立的综合性经营、专业化运作的全国性农业保险公司，总部设在吉林省长春市，现有北京、吉林、辽宁、内蒙古、青岛和山东等六家分公司。安华农保在大力开办农业保险的同时，业务涵盖商业性财产保险及团体人身意外保险，形成了城乡互补、农商并举的业务格局。

安华农保成立伊始就高度重视农业保险技术创新和专业化队伍建设，自主设立的农业保险研究院和工程技术研究所，科研力量雄厚，在保险研究领域具有很高的知名度；自主研发并成功使用的无人驾驶机航拍技术，获得了中国民用航空局颁发的中国第一张民用无人机特许飞行证书。

3. 中航安盟财产保险有限公司

中航安盟财产保险有限公司（以下简称中航安盟）由中国航空工业集团公司和法国安盟保险公司共同投资设立。

中国航空工业集团公司是由中央管理的国有特大型企业，是国家授权投资的机构，由原中国航空工业第一、第二集团公司重组整合而成。集团公司设有航空装备、运输机、发动机、直升机、机载设备与系统、通用飞机、航空研究、飞行试验、贸易物流、资产管理、金融、工程建设、汽车等产业板块，下辖140余家成员单位、近30家上市公司，员工逾50万人。

法国安盟保险公司是法国第三大综合保险公司和领先的互助保险公司，业务范围包括寿险、非寿险及员工储蓄，现进一步拓展到银行领域。

二、农业保险合作组织

目前，我国真正的农业保险合作组织只有阳光农业相互保险公司（以下简称阳光农保）一家。阳光农保是经国务院同意、中国保监会批准设立的全国唯一一家相互制农业保险公司。阳光农保实行会员制，公司所有参保农民都是公司的会员，会员既是保险人又是被保险人。会员根据公司章程向公司交纳保险费，公司根据合同约定进行赔付，从事相互保险活动。

按照中国保监会的有关要求，阳光农保坚持"先农业保险后商险，先局部后放大"的原则，"立足垦区、覆盖全省、走向全国"的三步走战略，目前设有 13 个分支公司。在黑龙江省内，公司共设立了 1 个分公司和 11 个中心支公司，在 94 个农场设立了保险社，在 5 个县（市）设立了支公司，在 66 个县（市）设立了营销服务部，在 1000 多个乡（农场管理区）成立了保险分社，在 2000 多个村（农场居民组）成立了保险互助会，发展会员 100 余万，服务网络已覆盖黑龙江省。此外，公司还在广东省设立了分公司，在低纬度地区开展农业保险业务。

目前，阳光农保开办的保险险种有种植业保险、养殖业保险、责任保险、机动车辆保险、交强险和其他涉农保险等主险产品 100 余个。

三、非营利性社团组织

（一）渔业互保协会

1. 中国渔业互保协会

中国渔业互保协会是由农业部、民政部批准，全国广大渔民和从事渔业生产、经营活动的单位和个人自愿组成的，总部设在北京。中国渔业互保协会的目标：通过组织成员相互帮助，对成员的人身、财产风险进行保险保障，增强其防灾减灾意识，保障其合法权益，推动渔业生产的健康、可持续发展。其业务还包括业务培训、国际合作、咨询等。

中国渔业互保协会从成立至今，一直秉承着"为渔业服务"的原则，发展势头迅猛。截至 2020 年底，全系统累计承保渔民 1399.54 万人（次），承保渔船 100.71 万艘（次），提供风险保障 3.94 万亿元，共计为 1.45 万名死亡（失踪）渔民、11.69 万名受伤渔民以及 11.32 万艘全损或部分受损渔船支付经济补偿金 78.22 亿元；同时积极开展渔业安全培训、防灾减损、海事处理、困难帮扶等公益服务，在促进渔业产业发展、保障渔民群众生命财产安全和维护渔区社会稳定方面做出了重要贡献，在确保水产品的有效供给和服务现代渔业、平安渔业、渔业高质量发展中发挥了积极作用。

2. 广东省渔业互保协会

广东省渔业互保协会是广东省海洋与渔业局（省级渔业行政主管部门）下属的非营利性社团组织。其前身可追溯于20世纪90年代成立的"中国船东互保协会渔船船东分会广东经理部"；1999年，"广东渔船船东互保协会"作为独立法人登记，后更名为广东省渔业互保协会。协会本部设在广州，在全省范围内为渔民群众提供全天候渔业互助保险业务。

3. 浙江省渔业互保协会

浙江省渔业互保协会是由个人自愿组成、实行互助共济的非营利性社会团体组织。协会实行会员代表大会制，会员代表大会是最高权力机构，由会员代表大会选举产生的理事会为执行机构、监事会为监督机构，理事会、监事会对会员代表大会负责。协会开展的责任互保业务种类主要有渔船互保、雇主责任互保、雇主责任附加意外伤害医疗互保。开展试点的互保种类有深水网箱及附加养殖责任互保、休闲渔业旅客意外伤害互保、渔业基础设施责任互保、渔民小额贷款借款人健康互保、渔民小额贷款借款人意外伤害互保。

4. 山东省渔业互保协会

山东省渔业互保协会位于烟台经济技术开发区，是由山东省范围内渔业组织与个人自愿组成、实行互助共济的非营利性的社会团体组织。协会为独立社团法人单位，机构性质为社团事业编制，隶属于省海洋与渔业厅，实行会员代表大会制度，设理事会和监事会，日常工作由秘书处负责。

5. 河北省渔业互保协会

河北省渔业互保协会是由河北省农业厅主管、民政厅批准的，河北省范围内广大渔民以及其他从事渔业生产经营或为渔业生产经营服务的单位和个人自愿组成，实行互助保险的非营利性社会团体，其总部设在秦皇岛。

6. 福建省渔业互保协会

福建省渔业互保协会是经福建省民政厅批准成立的社团组织，后经福建省人民政府批准，开始主办福建省享受政府财政补贴的渔业保险。福建省渔业互保协会在福建省海洋与渔业厅领导下，在福建省渔区主要从事渔工责任和渔船财产互保，并在渔业互保、风险管理、渔业海事管理、安全培训、防灾减损、救助补助等方面提供便利于渔业经营单位与渔民群众的专业服务。

（二）陕西、湖北、湖南三省的农业机械安全协会

1. 陕西省农业机械安全协会

2009年3月，由陕西省农业机械安全监督所牵头，陕西省农业厅批准，陕西省民政厅登记，陕西省农业机械监督系统各单位、农业机械专业合作社、农业机械企业联合组建了陕西省农业机械安全协会。协会与江泰保险公司签署了一项战略合作协议，联合组建了陕西省农业保险协会的"风险互助"管理委员会。陕西省率先在关中平原20个乡镇进行试点，如渭南、宝鸡、咸阳、西安等，并逐渐向全省推广。

2. 湖北省农业机械安全协会

湖北省借鉴陕西农业机械安全互助保险试点的经验，成立了湖北省农业机械安全协会，同时与保险经纪公司合作，在全省整合农业机械系统人才、技术和服务网络的资源，以协会为平台，通过农民互助共济的方式，在全省组织开展农业机械互助保险试点工作。

3. 湖南省农业机械安全协会

湖南省农业机械安全协会主要负责组织农业机械安全理论研讨、学术交流、技能培训，建立安全合作保险，解决农业机械安全事故，推广新技术，发展农业公益事业等。其中，以建立农业机械安全互助保险为中心，为广大农业机械生产企业、农业机械经销商、农业机械专业合作机构提供农业机械安全风险保障服务。

按照《湖南省农业机械安全协会农机安全互助保险管理办法》规定，成员之间的相互保险费用，除了作为意外伤害和运营管理费用，其余的不能作为收益，而是作为公积金、公益金和会员权益，由其个人账户中扣除后，再退还给参加保险的会员。

（三）农业风险互助协会

广东省中山市农业风险互助协会发起单位包括市围垦总公司、农业机械监理所、农业科技推广中心、水产技术推广中心站和太平洋产险中山中心支公司等。作为一个服务于"三农"的非营利性社会团体，主要的业务范围包括开展农业风险管理技术培训和防灾减灾服务，为会员提供灾后救助和损失补偿，配合相关部门推进农业产业化、标准化、集约化发展。

第三节 农业保险经营模式

农业保险经营模式经历了从无到有,从单一到全面的发展过程。近年来,我国各地因地制宜建立起不少农业保险经营模式,其中,北京、上海、江苏、浙江和黑龙江的农业保险经营模式较具特色。

一、"北京模式"——"政策扶持、市场运作"模式

(一)"北京模式"的含义

北京市将都市型现代农业特点及农业保险发展优势充分融合,发挥政府的主导作用,同时兼顾发挥市场配置资源的基础作用,切实保障参与各方主体的利益,按照"政府推动、政策支持、市场运作、农民自愿"的运作方式,明确政府、农民和保险公司三方责任,形成以"政策扶持、市场运作"为主要特征的"北京模式"。"政策扶持、市场运作"的含义:由政府为种植业和养殖业保险提供财政补贴和政策扶持,由商业性保险公司承办或代理政策性农业保险业务,实行市场化运作。

(二)"北京模式"的特点

1. 系统化的协调管理机构

北京市为了推动政策性农业保险发展,成立了市区两级政策性农业保险工作协调小组(以下简称协调小组),在组织和推动政策性农业保险工作方面发挥了积极作用。市级协调小组由市农委、财政局、保监局等有关部门参加,主管副市长任组长,协调小组下设办公室,负责对农业保险进行调查研究、编制规划、确定险种及费率、提出年度预算、进行再保险安排、组织政策宣传和统计分析等。此外,为保证上下联动,充分发挥基层政府在农业保险工作中的主导作用,北京市在开展政策性农业保险的区(县)也相应设立了协调管理机构。

2. 完善的制度保障体系

一是完成了基本制度设计,下发《关于建立北京市政策性农业保险制度的方案(试行)》文件,为政策性农业保险试办提供了基本的制度框架。二是强

化资金管理，发布和修订了《政策性农业保险补贴资金管理办法》，明确规定了财政资金的使用范围和标准、资金管理和拨付、资金监督和检查等内容。三是规范经营行为，制定《承保业务经营规范》《理赔服务规程》；健全监督约束机制，建立政策性农业保险第三方外部审计制度。四是建立激励机制，把区县、公司的农业保险工作纳入新农村建设表彰奖励范围，并建立区县级考核奖励制度；把经营管理费用补贴与保险公司的经营绩效评价挂钩，激励保险公司提供良好的农业保险服务。

3. 明确的政府角色定位

"北京模式"是政府主导下的商业化运作模式，政府的"主导作用"和保险公司的"商业化运作"职责界定比较清楚。政府充分尊重商业保险公司的经营自主权，不介入农业保险的具体经营，为政策性农业保险可持续发展提供各种保障，包括财政补贴、制度供给、巨灾支持、协调推动和监督检查等。通过再保险和巨灾风险基金等方式承担赔付率160%以上的政府风险责任，既锁定了政府的风险成本，又简化了操作流程。商业保险公司的职责是市场化经营，自主管理农业保险费收入并承担赔付率160%以下的农业风险损失补偿责任。

4. 多样的财政支持方式

目前，国内绝大多数省区市对农业保险采取的财政支持方式只有保费补贴和税收优惠。北京市财政支持农业保险的力度很大，支持方式也较多，主要有五种：

①保费补贴：市级财政和各区（县）财政累加补贴比例最高可达90%。

②经营管理费用补贴：市级财政对保险公司提供保费收入10%的经营管理费用补贴。

③再保险支持：市财政直接拨付资金为赔付率在160%~300%的风险购买再保险。

④农业巨灾风险基金：按照上年农业生产总值的1%计提巨灾风险准备基金，为赔付率超过300%的风险提供保障。

⑤税收优惠：依法对农业保险的有关活动免征营业税。

5. 多层的风险分散机制

为了提高农业保险机构应对农业巨灾风险损失的能力，保证农业保险可持续发展，北京市构建了由农民、保险公司、再保险公司和政府四个主体组成的多元化农业风险承担体系。第一层次，由农户通过免赔额和免赔率承担一小部分农业风险；第二层次，由保险公司承担赔付率160%以下的风险；第三层次，政府出资购买再保险，由再保险公司承担160%~300%赔付率的损失补偿责任；第四层次，政府每年按照上一年度农业保险自留保费的2%至10%计提巨灾风险准备基金，承担赔付率在300%以上的农业巨灾风险。

6. 独特的再保险安排方式

农业保险的再保险安排方式比较独特，不像其他省份由省市政府委托保险公司间接购买再保险，而是由政府将各公司的农业保险业务打包，政府出面直接购买再保险。这种再保险方式的优势在于：第一，政府将全部政策性农业保险业务打包再向保险公司询价，相比由保险公司独自购买再保险而言，提高了议价能力，可获得更优惠的再保险费率；第二，省去了委托保险公司购买的中间环节，由政府直接购买更符合财政资金拨付的有关规定，操作更加简便；第三，政府出资购买再保险，以确定的财政资金支出转嫁了不确定的风险超赔责任，锁定了政府承担农业巨灾风险的成本；第四，政府介入再保险，可以加强监督管理，有效降低道德风险，形成原保险与再保险的良性循环。

二、"上海模式"——"政府支持下的单一专业公司运作"模式

（一）"上海模式"的含义

与"北京模式"中有五家商业性保险公司市场化运作农业保险不同的是，上海的农业保险业务仅由安信农保这一家专业化农业保险公司承担，具有浓厚的"国有化"背景。因此，"上海模式"可概括为"政府支持下的单一专业公司运作"模式。

（二）"上海模式"的特点

1. 政府高度重视农业保险

上海市以政府组织推动、保险公司代理、"以险养险"的方式推动农业保险，开办了30多个农业保险险种，设立了农业生产风险基金，以区（县）为单位独立核算，对农业保险实施免交营业税和所得税的政策。后来，经保监会批准，上海成立了我国第一家专业性农业保险公司——安信农保。此后，上海市政府成立市、区（县）两级的农业保险推动机构——农业保险委员会，有效提高了农业保险组织工作的执行力；出台了一系列支持农业保险发展的规章制度，为农业保险发展营造有利的政策环境；积极推动农业保险实施，为农业保

险顺利发展提供极大的支持和帮助。

2. 财政政策大力支持

上海依靠其强大的财政能力，对农业保险的财政支持较早、支持力度较大，对各类农业保险业务免征各种税收。依靠市、区（县）两级财政先后对一些农业保险险种进行补贴，以减轻投保农民的保费负担。后来，上海市进一步加大了对农业保险的财政支持力度，对5大类21项险种进行了保费补贴，具体有：种植业类的水稻、麦子、油菜、鲜食玉米、蔬菜、水果、食用菌种植保险险种；养殖业类的能繁母猪、生猪、奶牛、羊、家禽、淡水水产养殖保险险种；种源类的杂交水稻制种、青菜制种、种公猪、种禽保险险种；涉农财产类的大棚设施、农机具综合、群众性渔船综合保险险种；淡季绿叶菜成本价格保险险种。保费补贴比例为40%~90%。

3. 涉农部门密切配合

上海的农业保险并不是由单独的保险公司独自运作的，而是由涉农部门协同合作、系统推进的。以上海市和区（县）农业保险推进委员会为核心和主体，区（县）农机服务推广中心为代理点，还包括农科院、农村商业银行、农村邮电所和新型农村合作医疗办公室等部门，形成一个延伸广泛的农业保险营销服务网络。这个营销服务网络除了做好农业保险的投保工作，还参与农业防灾防损宣传教育工作，对农业保险的健康有序推进起到了重要作用。

4. 涉农保险实行"以险养险"

"以险养险"是指由安信农保经营政策性农业险种，市、区（县）两级财政对政策性农业保险的投保农户进行保费补贴，同时也允许安信农保商业化经营涉农财产保险、责任保险、农村居民短期人身意外伤害险和健康险等其他业务，通过商业性保险的盈余弥补政策性保险的亏损，即实现"以险养险"，其中农业保险保费收入占比不得低于60%。

5. 采用统保、共保、与其他组织合作等做法

为了避免挨家挨户逐个承保产生的高成本、道德危险和逆向选择问题，上海市采取了要求区（县）或乡（镇）范围内所有同类单位共同参加保险的"统保"方式、保险公司与农业科技推广部门的"共保"方式以及与农村经济合作组织合作的方式来推进农业保险，通过相互配合和信息共享，提高了农业保险承保覆盖率，减少了道德风险、逆向选择，降低了不合理赔付。

6. 制定了大灾风险分散制度

上海市农委、市财政局、市金融办和上海保监局联合发布了《农业保险大

灾（巨灾）风险分散机制暂行办法》，将农业保险赔付率超过 90%的灾害定义为大灾，超过 150%定为巨灾。农业保险机构自行承担政策性农业保险年度赔付率在 90%以下的损失部分；农业保险机构通过购买再保险的方式承担赔付率在 90%~150%的损失部分；农业保险机构使用农业保险大灾风险准备金承担赔付率超过 150%以上的损失部分；仍不能弥补的损失，差额部分由市、区（县）财政通过一事一议方式予以解决。

三、"江苏模式"——"联办共保"模式

（一）"江苏模式"的含义

江苏省淮安市率先在全国范围内进行了农业保险的试点，并初步形成了"政府与保险公司联合经营"（简称"联办共保"）的模式。

江苏省农村"联办共保"的模式主要包括：由政府和保险公司组成责任共同体，按一定比例收取保费并承保责任，共同经营农业保险；保险公司利用精算、管理、网络、人才、服务等优势，根据商业保险的基本原则和操作原则，为农民和农业生产者提供优质的保险服务。

（二）"江苏模式"的特点

1. 由政府负责的农业保险

江苏省政府建立了一支以省长为组长、各有关部门参加的政策性农业保险工作领导小组。各地（市）、县分别由当地农办牵头协调，未设农办的，由发改委或财政局牵头，相关部门各负其责。在村（镇）层面，则是由农经所进行推广与实施，并设置一位专职的协保员，由村支书或财务人员来帮助完成保费的征收。保险公司分别负责以上各个环节的有关协调工作。在这一制度下，省、地（市）、县三级政府分别建立了农业保险的协调机制，到乡镇这级要做到"五有"：有办公场所，有专项经费，有专职的业务人员，有专门的投保和理赔设施，有相应的规章制度。

2. 政府和保险公司按比例分摊责任

江苏省将政府和保险公司的风险承担比例调整为 5：5，同时也获得相同比例的保费；政府负责农业保险工作的组织推动、沟通协调和保费收缴，保险公司负责核保、精算和理赔。计入政府农业保险基金账户的保费收入实行专户

管理，扣除相关成本费用后逐年累积滚存；计入保险公司的保费收入则由保险公司根据商业保险规则管理。

3. 政府和保险公司共同寻求巨灾风险分散措施

对于巨灾风险，江苏省采用按照政府和保险公司 5∶5 的比例，由保险公司的大灾风险准备金和政府的巨灾保险准备金共同承担的方式来分担。保险公司承担的 50% 部分，按照农业保险保费收入和超额承保利润的一定比例计提大灾风险准备基金；政府承担的 50% 部分，江苏省研究制定了具体管理办法，通过本级财政预算安排、统筹部分政府保费负担、省级财政补助等资金渠道建立大灾风险准备金来应对。

四、"浙江模式"——"共保体"模式

（一）"浙江模式"的含义

浙江的"共保体"模式是通过多家商业保险公司共同经营、利益共享、风险共担对农业保险项目。

浙江省农业保险中"共保体"模式的具体实施：由浙江省发改委设立农业保险试点办公室，该办公室统一制定和协调农业保险的各项政策。其中，首席承保人是人保财险，其他财险公司作为共保人，形成农业保险"共保体"。试点办公室对其进行授权，各"共保体"的构成单位可以单独建立自己的账簿进行独立核算，共同经营全省的农业保险项目。在成本和利益分配方面，各个组成成员一起分担保费、共担风险、共享利益，并按照政府的统一政策为农民提供保险服务。

（二）"浙江模式"的特点

1. "共保体"不属于法人机构

"共保体"不是独立的法人机构，省内各财产保险公司依据规定自愿加入，加入以后便由农业保险试点办公室进行统一调度。组成成员公司可以按需制定共保章程，协商共保比例，签订共保合同，拥有同等的经营资格和业务范围。人保财险浙江分公司作为首席承保人负责业务经营，其他共保人对其运行项目定期按照"共保体"约定的分配比例进行保费、赔款和费用的清算。

2. 财务制度采取"账内运行，单独核算"

首席承保人对农业保险业务和其他业务采用"账内运行，单独核算"的核

算方式，向共保人提供有关承保和理赔业务的各种报表和收据，经共保人确认后，按照承保份额相互划转保费、赔款和费用。为应对巨灾超赔责任，浙江省各级财政对保费资金专账核算并专户管理，每年的补贴资金结余部分转入专户。

3. 成员进出有一定限制

为了保证"共保体"经营的稳定性，"共保体"成员在经营期内不得单方面退出"共保体"，如因股权变更等重大原因确实需要退出的，须经浙江省农业保险工作协调小组批准后方可退出。

4. 地方特色险种丰富

在积极开展中央财政补贴险种的基础上多措并举，积极开发地方特色险种：一是重点开发全省具有普适性的省级特色险种，如露天西瓜、柑橘保险等；二是出台政策鼓励各地区开发地方性特色险种，省财政以奖代补给予支持，如菌菇保险、蚕桑保险；三是鼓励各地根据需要自行开发地方险种。全省共23个险种，其中省级险种17个（包括中央补贴险种8个），省级试点险种3个，地方险种3个。

5. 政府对农业保险实施多种支持政策

浙江省政府对农业保险除与其他省份一样给予保费补贴和税收优惠以外，还提供两项优惠政策：第一，政府对"共保体"的经营管理费用给予20%的补贴；第二，提供"以险养险"支持政策，县及县以下财政拨款机关事业单位的车辆险、综合财产险均由"共保体"承保，支持"共保体"开展农村建房险等其他涉农保险险种。

五、"黑龙江模式"——"相互保险公司经营"模式

（一）"黑龙江模式"的含义

黑龙江省政策性农业保险业务基本上由阳光农保承担。与其他股份制保险公司不同的是，阳光农保实行相互制体制，公司所有参保农民都是公司的会员，会员既是保险人又是被保险人。会员根据公司章程向公司交纳保险费，公司根据合同约定进行赔付并开展相互保险活动。

(二)"黑龙江模式"的特点

1. 公司法人治理机制相对完善

阳光农保实行法人治理机制,公司的最高权力机构是会员代表大会,会员代表由全体会员选举产生。会员代表大会选举产生董事会、监事会。董事会确定总经理室、审计与风险管理委员会、提名与薪酬委员会、战略与预算管理委员会及董事会办公室五个部门的成员。

2. 采取统分结合的双层经营模式

"相互保险公司经营"模式中,实行阳光农保和保险社双层经营体制。保险社是农业保险的基层经营组织,由投保农户组成,负责办理业务,然后由阳光农保与保险社按5:5比例共保,实现风险共担、利益共享。经营体系设置为总公司—分公司—中心支公司—保险社或支公司—保险分社或营销服务部,形成了自下而上的管理体系和运作模式。

3. 保费"四方承担、两级留存"

保费"四方承担"是指中央、省、县和农户分别承担40%、25%、15%和20%的保险费(在垦区,中央和农场的保费补贴比例为65%和10%,农户自担25%)。保费"两级留存"是指保险社和阳光农保公司各留存50%,出险后也按此比例承担损失赔偿责任。

4. 注重巨灾风险分散

为了分散巨灾风险,阳光农保很早就按保费收入的10%计提巨灾风险准备金。巨灾风险准备金的使用基准以农场保险协会为单位,当综合赔付率超过150%时,超过部分就启用巨灾风险准备金补偿。从2008年开始,按照财政部要求,以当年保费收入25%的比例计提巨灾风险准备金。阳光农保运用巨灾风险准备金向国外多家再保险集团公司购买种植业超赔再保险,提供赔付率在90%~140%之间的风险保障。

第三章 乡村振兴背景下农业保险支农惠农

2022年中央一号文件指出，全面推进乡村振兴是着眼国家重大战略需要，稳住农业基本盘、做好"三农"工作的重要举措。农业保险作为防范风险、分摊损失的重要风险管理手段，在促进农业健康发展、农民稳步增收和乡村振兴工作方面发挥着重要作用。

作为防范农业生产风险和市场风险的重要手段之一，农业保险在稳定农民收入、促进农业持续健康发展、全面推进乡村振兴等方面起到了积极作用。

近年来，围绕着乡村振兴战略背景下农业保险的发展，很多学者从不同角度进行了研究，主要集中在三个方面。一是对农业保险对乡村振兴服务方法和路径的研究。冯文丽和苏晓鹏从乡村振兴战略出发，分析得出农业保险创新要立足"农业支持保护"定位，从管理体系、财政补贴、服务模式、产品设计等多角度完善顶层设计[1]。张海军认为农业保险高质量发展必须通过完善多层次农业保险体系、创新扶贫产品等途径服务乡村振兴战略[2]。二是农业保险服务乡村振兴战略的角色和功能定位分析。加快农业保险高质量发展，有助于推进现代农业发展，促进乡村产业振兴，改进农村社会治理，保障农民收益。农业保险在农村金融体系中既是创新试点的重要领域，也是应对巨灾风险、实现多层次风险保障的重要环节。三是针对农业保险服务乡村振兴具体路径的研究，并围绕不同地区和经营主体展开分析论证。王香兰和何鹏提出从健全信用担保体系、发展金融期货产品、引进适量金融人才等角度支持黑龙江省农业保险服务新型农体经营主体[3]。胡芳等建议通过优化农村金融发展水平、增强农业产业链多主体的互动性、推进农村金融市场和农业产业链的数据共享三方面突破

---

[1] 冯文丽、苏晓鹏：《农业保险助推乡村振兴战略实施的制度约束与改革》，《农业经济问题》，2020年第4期，第82~88页。

[2] 张海军：《我国农业保险高质量发展的内涵与推进路径》，《保险研究》，2019年第12期，第3~9页。

[3] 王香兰、何鹏：《乡村振兴背景下金融支持新型农业经营主体发展的路径分析——以黑龙江省为例》，《山西农经》，2022年第16期，第1~11页。

困境，促进"农业保险+信贷"模式的发展[①]。

本章关注乡村振兴背景下"三农"问题，从农村、农民、农业的视角出发，重点分析农业保险在支农惠农、乡村振兴过程中的作用和效果，以及支农过程中出现的问题，最后提出了乡村振兴背景下我国农业保险发展的对策和建议。

第一节　我国农业保险支农惠农状况及对策分析

一、我国农业保险支农惠农目标

（一）分散农业风险，补偿农民损失，增加农民收入

我国农业正处于传统农业向现代化农业转型进程中，目前农业仍采取以小规模、家庭化生产为主，规模化、集约化、机械化生产经营模式为辅的生产模式。无论是单一的小农经济生产，还是规模化、集约化和机械化的现代化经营，二元化农业生产经营模式中新型农业经营主体产生了新的农业风险管理诉求。

我国是一个自然灾害多发的国家，洪水、旱灾、暴风、暴雨等灾害时刻困扰着广大农业生产者。各种灾害受灾面积大、成灾面积广、受灾修复性差，当地一旦发生重大自然灾害，将会给农户造成不可挽回的经济损失，从而造成农户因灾致贫或因灾返贫。农业保险虽然在重大自然灾害中发挥了一定的损失补偿功能，但其风险分担能力还有待进一步提高。

农业保险在我国农业现代化进程中作为重要的农业风险管理手段，在农户遭受自然灾害、意外事故时，可以为农户提供较全面的风险保障，起到稳定农户收入、促进生产恢复的作用。与此同时，农业保险有利于降低我国新型农业经营主体的风险集中度，转移价格风险，补偿收入损失，从而有效稳定农民收入水平，在乡村振兴道路中发挥重要作用。

---

① 胡芳、何逍遥、曹传碧等：《"农业保险+信贷"模式与农业产业链协同发展赋能乡村振兴战略研究》，《西南金融》，2022年第8期，第84~96页。

（二）弥补政府财政救灾资金不足，实现财政资金的有效再分配

农业财政补贴的方式分为直接补贴和间接补贴。直接的财政补贴往往存在不足之处，如救灾资金在发放过程中往往会平均分配，无法根据农户的实际种植或者养殖的损失进行评估补偿。相比之下，间接补贴的农业保险保费补贴更有效率。首先，农业保险保费补贴可以产生独特的"杠杆效应"，例如，财政补贴5元保费给农户购买农业保险，农户可以用这5元购买到500元的保险保障。其次，农业保险的保费补贴更精准、更效率。直接补贴往往注重补贴的公平性、普惠性，很难做到精准兼顾效率。通过农业保险间接的保费补贴方式，财政资金的再分配方式就转变成了保险再分配方式，损失赔偿依据农户的实际损失程度，提高补贴的精准度和效率，可有效地支持农业再生产。

（三）稳定农村经济，促进"三农"发展，实现乡村振兴

乡村振兴战略是我国的重要发展战略，其中提到"三农"问题是关系国计民生的根本性问题。"三农"问题关系到农产品供给保障和14亿多中国人能否吃饱吃好，关系到广大农村能否繁荣稳定，关系到几亿农民能否同步享受社会发展成果等，所以要稳步推进"三农"发展和乡村振兴工作。在乡村振兴的道路上，农民、农村、农业问题就成为亟待解决的重要问题，农业保险的发展和稳定可以起到促进"三农"工作开展的作用。

首先，农业保险的实施可为农民种植、养殖的农产品提供全面的风险保障，有效降低自然灾害、意外事故，甚至是价格因素带来的农业生产不稳定，为广大农户积极从事农业生产、农产品加工和农业振兴保驾护航。

其次，包含农业保险在内的农村保险可以解决农村问题，改善农民生活。我国农村地区的稳定关系着国计民生和社会稳定，这一目标的实现需要农业保险发挥作用，通过农业保险的保驾护航可以促进我国职业农民和新型农业经营主体的发展，提高农民群体的整体收入水平。

最后，农业保险可以解决农业问题，实现现代化新农村建设和发展。完善的农业保险财税补贴政策可以对新型农业经营主体的发展起到促进作用，提高现代农业机械化水平和规模经营程度，切实解决"三农"问题，促进我国新型农村的建设和发展。

二、我国农业保险支农惠农亟待解决问题

（一）农户在农业生产实践中缺乏投保意识和风险防控意识

首先，我国农业生产经营方式是以个体农户经营为主的小农经济，具有经营分散、缺乏技术、不成规模的特点，再加上农村处于半封闭生产状态，导致一些农户缺乏科学的风险管理意识，很难主动寻求农业保险获得风险保障。

其次，我国农民在农业生产过程中不仅要面对自然灾害，还面临价格波动、市场变化等风险，小规模经营的传统农户更倾向于靠天吃饭，对客观自然灾害、价格风险无法做出科学评价与全面分析，缺乏借助现代金融工具防范价格风险及市场风险的意识。

最后，个体经营农户收入水平偏低，经济状况会导致农户没有多余资金进行保险产品的配置。在实地调查中发现，一些农户在年初进行种子、化肥、农药等农业生产资料购置后，没有多余资金购买相应的农业保险产品。

总之，风险意识的缺乏限制了传统农户的投保意识，经济状况的局限阻碍了投保意识向实际投保行为的转化。

（二）农业保险宣传效果甚微，赔付水平低且受排斥

首先，农业保险知识普及率低、宣传效果差，直接导致农民缺乏对农业风险和农业保险的了解，无法将潜在的农业保险投保需求转化为实际投保需求。目前我国大部分地区的农业保险宣传以政策性宣传为主，农户对保险种类、条款类别、理赔流程都不甚了解。

其次，我国的农业保险发展模式主要有两种：一种是政府主导的商业保险经营模式，典型代表有人保财险和中华联合；另外一种是专业的农业保险公司经营模式，主要有安信、安华、阳光、国元、中原五家保险公司。在这两种经营模式主导下，虽然政府主导有财政补贴，但保险公司在农业保险经营过程中也会考虑最大化实现经营利润。为了追求一定的利润，保险公司在农业保险实施过程中会在缺乏精算基础的情况下提高保费，并且在农业保险产品中增加限制条款，比如规定绝对免责率、封顶赔付、协议赔付等，除此之外还存在以各种原因降低赔付金额的现象。诸多原因造成农业保险赔付水平偏低，农民购买农业保险意愿不强以及排斥农业保险。

最后，我国农业保险的投保形式主要有两种：一种是农户自愿投保，另一

种是地方行政单位集体投保。在农民收入水平不高、地方财政吃紧的情况下，部分地方政府出现规制性投保情况，严重扭曲了农业保险功能，引发投保农民不满，有悖于农业保险"投保自愿、市场经营"的经营原则，阻碍了农业保险市场的进一步发展。

（三）农业保险条款晦涩难懂，农业保险专业人员匮乏

首先，农业保险作为财产保险的一种，除了具有财产保险的基本特点，还具有农业保险的一些专有特点，比如农业风险的专业性和保险条款的专业性均导致保险条款晦涩难懂，再加上农民缺乏对保险知识的了解，一旦发生保险事故，容易在保险事故认定、损失金额确定等方面引发纠纷，从而影响农业保险理赔金赔付时效，影响农业保险支农惠农效率。

其次，农业保险的经营管理具有特殊性，主要表现为农业保险标的既受到自然灾害也受到市场供求关系变动的影响。农作物一旦遭受自然灾害，由于灾害发生原因的多样性，灾害损失面积、损失程度无法及时准确核定，直接导致农业保险理赔效率低下。从保险公司的角度来看，由于其缺乏专业农业保险精算人员、缺乏长期有效的农业风险经营数据、缺乏有效技术手段对农业损失进行核定等，农业保险理赔难度加大，阻碍了农业保险的深入推广和发展。

（四）农业保险产品缺乏创新，不能满足农民实际需求

随着我国乡村振兴战略的推进，我国农业发展模式正由"小农经济"向"规模经营"转型。农业保险产品也应在乡村振兴背景下不断升级创新，现阶段我国农业保险产品存在险种单一、责任不全、保额偏低等突出问题，无法化解日益增长的现代化农业风险需求与实际农业保险风险保障偏低的矛盾。首先，在保险产品设计上，缺乏针对性，无法因地制宜进行农业保险产品的开发与设计，大多针对大宗种植、养殖开展农业产品承保，在险种类别上也多是成本保险和产量保险，缺少价格保险和收入保险。其次，在费率厘定和保额确定时也是按统一标准，未根据实际农业风险进行厘定，并不能从根本上反映农户实际保险需求，无法有效调动农户投保积极性。最后，大多数农业保险产品多为种植业、养殖业保险产品，缺乏针对渔业、特种养殖的保险产品，在提高农业保险产品类别上任重道远。

三、我国农业保险支农惠农困境的解决对策

（一）培养农业保险专业人员，规范农业保险经营

农业保险专业人员应该是兼顾农学知识、保险知识、精算知识的复合型人才，除此之外还应该遵循农村经济发展规律进行农业保险业务的开展。在业务具体开展过程中应做到：首先，专业人员能够用通俗易懂的语言进行产品讲解和责任说明，帮助农户了解农业保险责任和除外责任。其次，农业保险专业人员还需要具备农业生产的基本知识和农业生产的从业经验，方便进行风险追踪、风险评估、查勘定损和损失理赔，在理赔过程中提供合理高效的服务，从而避免矛盾纠纷。最后，农业保险专业人员应了解国家农业政策、财税制度，做好随访工作，扎根广大农村地区，切实为提高农业保险整体服务质量做出突出贡献。

（二）增强农民风险防范和风险管理意识

为了提高农民风险抵御能力，培养农民科学的风险管理意识，政府应该加强与保险公司、防疫部门、农业部门的合作，深入农村，通过发放农业保险资料、举办专题农业保险讲座、发放农业保险需求调查问卷、深入农户走访调研的方式，帮助农民增强风险防范和风险管理意识，使其能够采用合理的金融及保险工具规避农业风险。

（三）提高保险公司产品研发能力，加快产品创新速度

保险公司应紧密结合当地实际情况（农业生产、灾害频率、损失程度、生产成本等）开发与设计农业保险产品，要深入贯彻"因地制宜、因时制宜、因标的制宜、因参保主体制宜"的开发设计理念。

首先，在目前农业保险保成本、保产量为主的前提下，适时推出涵盖地租、畜禽疫病防治等成本在内的全成本保险和涵盖价格风险的收入保险。其次，针对养殖户生产周期的特点试点开发肉牛抵押贷款保证保险，以活体作为抵押，盘活农户养殖所需资金，为农户提供短期低息的贷款担保，解决养殖户因生产周期所面临的短期资金短缺问题。再次，可以在种植业和养殖业上下游发现保险需求，为农业生产提供全产业链的保险服务，比如活体畜禽运输保险、农业经营主体雇主责任保险、畜禽疾病防治保险、畜禽屠宰加工保险等，

通过一揽子保险服务既打通保险公司农村保险市场的渠道，又为农户提供价格优惠的保险服务。最后，针对畜禽养殖业成规模的地区，比如承德隆化，可以推出肉牛质量保证保险，强化其肉牛养殖的品牌效应和地标效应，为扩大肉牛出口和内销提供有效支持。

（四）简化保险条款及理赔手续，提高经办效率

保险条款专业性强、理解困难，即便对于保险专业人士来说要想全面清楚保险的具体责任和事项也具有一定困难，更不用说文化水平偏低的农民。基于农户的文化水平普遍不高，在农业保险条款中应当遵循简明扼要的特点，制定通俗易懂的条款，制定农业保险宣传手册，在手册中将保险责任和责任免除进行清晰解释，帮助农民有效理解农业保险条款。在农业保险经办过程中，简化投保、理赔程序，依托保险科技提高工作的效率，增强农户对于农业保险的信心。

第二节　政策性农业保险支农惠农作用机制

一、政策性农业保险实施的目标

在世界各国农业保险的经营实践中，由政府出台农业保险相关法律和政策从而明确农业保险的经营目标，是开展农业保险的基础。因国家和地区的经济水平、财政实力、政策目标、产业结构存在较大差异，所以政策性农业保险的实施目标也会有所差异。财政实力雄厚的美国政府，将政策性农业保险的实施目标定为稳定农业国际地位、促进农业稳定发展、提高农民收入水平。

2012年，我国颁布的《农业保险条例》第一条明确了我国农业保险的经营目的："为了规范农业保险活动，保护农业保险活动当事人的合法权益，提高农业生产抗风险能力，促进农业保险事业健康发展。"农业保险政策目标可以分为五个层次：第一个层次是扩大农业保险覆盖面，提高农业再生产能力；第二个层次是保障农业可持续发展，提高农业发展水平，维护国家粮食安全；第三个层次是促进农业现代化进程，加快农业生产规模转变，保障农户收入稳定增长；第四个层次是实现乡村振兴，巩固脱贫攻坚成效；第五个层次是降低农产品价格，增强农产品的国际竞争力。目前我国农业保险的经营目标主要围绕着第一个层次、第二个层次开展，通过试点开展农作物收入保险和价格保险逐步落实

第三层次的政策目标。随着乡村振兴工作的深入开展，我国农业保险的目标将会提升到第四和第五个层次。我国政策性农业保险实施的目标将不仅仅局限于分散农业生产风险、补偿农户风险损失，而是更多地关注如何运用农业保险以提高农业现代化水平、促进农业规模发展、提高农民收入水平等诸多方面。

二、政策性农业保险支农惠农的作用机制

（一）政府层面

首先，农业保险在政府主导下，除了提供政策性农业保险保费补贴，还可以提供农业保险再保险安排，进行农业保险经营费用补贴。一系列财政支持有利于提高财政资金使用效率，提高农业保险财政支农效率，加强农业保险减灾防灾作用。

其次，政策性农业保险有利于加强政府职能部门沟通协调。横向上，建立了财政部门、银保监会、农业部门、畜牧部门、气象部门等的合作机制；纵向上，建立了从中央到省级到地方各级财政部门的协同联动机制。

最后，政策性农业保险有利于实现我国乡村振兴战略，通过差别化费率补贴机制的建立，逐渐引导我国农业生产向规模化、集约化方向转变，提高我国农业现代化水平，促进农业产业结构调整。政策性农业保险通过与多项支农政策相配合，可以实现支农惠农政策的有效落实。

（二）公司层面

首先，商业保险公司在农业保险开展中发挥了基层组织经营作用。虽然农业保险有很强的政策属性，但还是要借助商业保险公司的广泛经营网点、大量保险业务人员、丰富的业务经验开展农业保险推广工作。所以，商业保险公司通过基本的展业、承保、核保、查勘、定损、理赔工作，为农业保险的开展撑起一张业务网。

其次，商业保险公司在农业保险的开展过程中起到协调沟通作用。政策性农业保险的主要关系方有政府、公司和农民，商业保险公司恰好处于中间位置，向上承接政策性农业保险的政策推广、财政补贴，向下负责政策解读、业务开展、组织经营工作，农业保险经营效果的好坏、农民满意程度的高低，直接从保险公司的工作上体现出来。

最后，商业保险公司在农业保险开展过程中起到创新引领作用。农业产品

是否适销对路、是否因地制宜、是否费率合理，诸多问题均需要商业保险公司在经营过程中不断探索和完善。不断创新和发展是保险公司发展的核心动力，随着我国农业保险的推广，传统的保成本、保产量的险种已经不再符合新型农业经营主体的需求，因此保险公司应积极主动地推出一些保障层次高、保障范围广的"三农"保险，从而提高农业保险服务水平。

（三）农民层面

第一，政策性农业保险有利于提高农民进行农业生产的积极性，发挥农业保险风险分散的作用。农业保险通过灾前风险管理降低风险发生概率，灾后及时查勘定损，对农民进行及时补偿，解决农民生产经营的后顾之忧。

第二，政策性农业保险有利于提高农民风险管理水平，保险公司通过灾前的风险检查、灾后的积极施救等措施能提高农民风险防范意识，整体上降低农业风险发生概率，提高农民防灾能力，促进农业生产方式转化。

第三，政策性农业保险为农民提供经济补偿，有利于缓冲农民在灾害中所遭受的损失，防止"多年致富、一灾致贫"的发生。

第四，政策性农业保险还在提高农户信贷水平、促进农业新技术的应用、加快农业规模经营转化、提高农业现代化水平等方面发挥着重要作用。

第三节 政策性农业保险支农惠农对策建议

通过前文的研究，可以得出以下结论：

第一，政策性农业保险制度自实施以来，在提高风险保障、分散农业风险、提高农业风险抵御能力、提高农民农业生产积极性等方面均发挥了积极作用，但依然存在农业保险服务方式与现代农业发展模式、农业保险保障程度、新型农业保险主体需求之间的差异。

第二，通过将农业保险发展阶段、农业保险产品种类与我国"三农"发展目标进行对比分析，发现政策农业保险在支农惠农上还有较大的提升空间，保险公司还需根据国家政策性农业保险目标对自身的经营管理加以规范和完善，在政策性农业保险推广过程中不断提高服务质量和服务水平。

第三，我国不同地区农业保险发展水平与支农惠农效果存在较大差距，在开展农业保险工作时和农业保险费率精算时还需因地制宜、因时制宜，不可对农业保险模式、条款和费率照搬照抄，在对农业生产充分调研的基础上进行农业保险工作方案的制定和实施，因地制宜、因时制宜地开展农业保险支农惠农配套工作。

第四，与其他农业保险发展水平较高的国家相比，我国还需要加快出台农业保险专门法律，进一步完善农业保险财税补贴制度，基于农民实际需求推进农业保险具体工作。

本节将在前面分析的基础上，从政府、公司、农民三个层面，对完善农业保险财税制度、优化政府扶持方式、增强农业保险支农惠农效果、促进农业保险高质量发展等提出相应意见和建议。

一、政府层面

（一）优化政府扶持方式，健全行政推动制度

政策性农业保险支农惠农效果受国家财政实力、农业现代化水平、农业保险发展程度等多重因素影响，因此农业保险在实施过程中还需要进一步增加保费补贴力度、增加补贴方式、引入科技支撑等。

首先，加大中央财政与省级财政农业保费补贴力度，减轻市、县级财政负担，加大对创新型险种的补贴或奖励力度，进一步完善农业保险"以奖代补"的方式，提高保险公司的创新主观能动性。

其次，围绕区域经济发展水平、特征和趋势，制定区域差别化保费补贴政策，进一步提高中西部农业保费补贴比例，优化农业保险差别化费率补贴制度，提高财政资金使用效率。

再次，地方政府应在对农业保险发展实际充分调研的基础上，根据农民实际需求、当地农业发展实况、地方财政支持力度、当地保险公司实情来确定农业保险补贴品种、补贴比例、保险金额和保险费率，并做好财政补贴农业保险支农惠农效果评估工作。

最后，对农业大户、龙头企业、合作社等规模大、机械化程度高的"新农体"，在农业保险补贴比例和农业保险费率方面可以给予适当支持，促进现代化农业生产转型和发展。

（二）完善政策性农业保险制度

首先，建立农业巨灾风险分散机制，用于提高农业抵御旱灾、洪水等巨灾风险的能力。在农业保险抵抗自然灾害和意外事故的过程中，由于农业生产周期长、巨灾风险影响大等，保险公司在巨灾风险面前抵御不足，大部分保费收

入都用于保险赔款甚至还出现亏损,很难有保费结余用于险种开发和技术研发。为了提高农业保险整体抵御风险能力,提高农业保险支农惠农效率,我们急需建立国家层面的农业巨灾风险分散机制。一方面,需要建立多层次农业保险再保险机制,通过中央政府主导确立不同层级的再保险支持方式;另一方面,进一步完善政府牵头的农业巨灾风险制度,建立多层次、多来源的农业巨灾风险基金,调整中央巨灾财政拨款、地方巨灾财政拨款和保险公司巨灾风险准备金的比例,提高农业保险抵抗巨灾风险能力。

其次,进一步完善农业保险机构建设,加强农业保险多模式协同发展。我国政策性农业保险运行机构主要有中央财政、地方财政、银保监部门、农业农村部门、林业部门、保险机构、村委会等,其中专业性较强的是农业保险经营机构。我国农业保险经营机构多为综合性农业保险公司,还有五家专业农业保险公司,相互农业保险、合作农业保险发展不太充分,应加强农业保险多模式协同发展。

最后,我国还需要进一步完善农业保险法律法规建设,加快农业保险法的制定和出台,定期修订《农业保险条例》,从而明确界定法律调整对象、明确财政支持政策、强化农业保险监督管理、加强农业保险法律的制定和执行。

二、保险公司层面

(一)提高农业保险服务水平,促进农业保险高质量发展

首先,保险公司需要提高农业保险服务意识,依托农业保险打开农村保险市场。农业保险具有"高风险、高赔付、高成本、低收益"的特征,与一般的商业性保险相比成本高、经营难度大、利润薄,但在农业保险的后面是更加广阔的农村市场,开展政策性农业保险可以带动商业农业保险的经营,因此各家保险公司可以农业保险为契机,加强农业保险全产业链服务,增强保险公司核心竞争力,丰富农村保险产品,拓宽农业保险业务。

其次,降低农业保险经营成本,提高保险公司农业保险经营效果。农业保险业务的开展需要保险公司做好与基层乡村农业保险服务站的联系,共同开展农业保险业务宣传、承保、查勘、定损等服务,通过特定业务环节的科技嵌入,提高农业保险服务效率,切实强化农业保险支农惠农效果。

最后,保险公司需要深入农村地区开展调研,收集农业生产有关的气象、地质、水文和病虫害数据,从农户需求出发,创新农业保险产品,探索以价格

保险、收入保险为主导的农业保险险种结构，提高农业保险保障程度，设计多元化农业保险产品体系。

（二）加快农业保险经营管理创新，用科技助推行业发展

由于农业保险经营管理的特殊性和复杂性，传统的财产保险经营方式无法适应现代化农业保险经营管理需求，因此农业保险经办机构还应从以下几个方面着手，用科技助推保险行业发展。

首先，在风险源头进行风险控制和风险预警，提高风险监测技术，联合气象部门、地震部门建立气象信息共享平台，及时发布损失预警，从源头上提高农户抗风险能力。政府和保险机构还可以通过微信、短信、QQ等方式向农户及时推送气象信息、价格信息、风险预警信息等，提醒农户进行灾害预防工作和产品销售安排，降低农户因灾损失金额，提高农户风险防范能力。

其次，提高农业保险精算技术，合理厘定农业保险费率，根据不同灾害损失程度划分农业保险风险区域，建立科学的保险费率动态调整方案，实现地区间风险差异化定价方案；在气象、地质、灾情和理赔等大数据的支持下，尽快开发基于多源数据的风险精算模型，提高农业保险产品精算准确度，降低指数类产品基差风险。

再次，通过信息共享，提高农业保险监管服务能力，尽快建立政府、公司联动的农业保险大数据平台，充分汇集、整理、共享农业保险承保理赔数据、土地资源数据、畜禽防疫数据、粮食直补数据、气象灾害数据等资源。一方面大数据资源可以服务于农业保险的承保、理赔等前端业务，提高农业保险服务效率，降低农业保险经营成本；另一方面大数据资源可以服务于农业保险产品设计、风险管理等后端业务，整体提升农业保险服务质量和服务能力。

最后，加强农业保险专业人才引进与培养。农业保险从业者应该是兼顾保险学、精算学、农学、地质学等学科的复合型人才，在人才引进与培养方面，一方面，保险公司可以联合当地高校设计农业保险专业培养方案，通过协同育人与顶岗实习，让内部员工快速成长为农业保险的行家里手；另一方面，保险公司可以加强与政府、地方高校及相关研究机构的长期合作，培养农业保险经营管理人才。

三、参保农民层面

(一)提高农民保险意识,加强农业政策宣传

政府部门应该不断优化和完善行政推动措施,加强农业保险相关知识和政策的宣传教育,地方政府、保险公司、村委会、农业保险服务站等相关部门可以定期在村里举办农业风险管理以及农业保险的专题讲座,提高农民风险管理意识,帮助农民了解政府的支农惠农政策、保险公司的服务体系、保险产品业务结构、保险投保技巧和方法;加强基层政府人员在协助投保、查勘定损方面的实践锻炼,提高农业保险的服务水平和服务质量;逐步建立农业保险再保险机制和农业大灾风险分担机制,做好与气象部门、水利部门、防疫部门的协调沟通,协同推进农业保险中的灾害预防、防灾防损和灾后修复等工作。

(二)提高农民组织化程度,提高农业现代化水平

种植大户、农民专业合作社、家庭农场等"新农体"生产规模适中、科技含量较高、抗风险能力较强、信贷能力较强,金融机构也更愿意为其提供相关信贷服务和保险服务。由于"新农体"对风险管理要求高,保障水平较低的补贴型农业保险越来越难以满足"新农体"的保险需求。保险公司可以深入当地调研,充分了解"新农体"的实际需求,为其"订制保单",提供一揽子农业保险服务,包含全产业链的金融、保险、气象、技术等服务,以此来带动农村保险业务的发展,促进农业现代化建设。

第四章 乡村振兴背景下我国农业保险监管体制与发展改革路径

第一节 乡村振兴背景下我国农业保险监管体制

保险需要监管，农业保险更需要监管。根据对国内外农业保险特点的分析，不难发现，和一般商业保险监管相比，农业保险监管具有特殊性。

一、我国农业保险监管体制的特殊性

（一）农业保险的特殊属性

保险商品是一种特殊的诺成性合同，保险交易从签约到合同履行的过程比较长，加上保险一般又是格式合同，技术性和专业性比较强，对保险交易双方来说，信息严重不对称使得被保险人处于劣势。如果没有健全和有效的监管（如进场、出场的要求，保险条款和费率的公平合理性审查等），被保险人的利益容易受到侵害。另外，保险市场的交易也会因为不正当竞争而使其公平性受到挑战，因此，监管者的监督可以使市场主体进行合法平等的交易。从微观意义上来说，投资人的利益也应当受到保护，而保险公司和其他形式的组织的治理结构是否合理有效也需要公正的第三方进行评判。由此构成了保险监管的所谓"三支柱"，即市场行为监管、保险机构偿付能力监管和公司治理结构监管。

对于农业保险特别是政策性农业保险来说，上述理由都是成立的。除此之外还有一些特殊的理由，那就是政府介入。无论是美国、日本还是印度，农业保险都有政府的介入，一般都由政府提供保险费补贴、管理费补贴或者再保险支持，甚至是政府亲自操刀经营，使得农业保险市场活动变得不同于一般市场活动。农业保险市场活动更加复杂，监管者不仅要向消费者（投保农民）和投资人（股东）负责，还要向政府负责，既要保证这个农业保险制度能可持续运

转，也要保证政府对农业保险的补贴是合理的、公平的，并且是有效率的。

（二）农业保险监管的中国特色

农业保险本身属于商业财产保险，然而现在全世界大部分国家实施的政策性农业保险已经在很大意义上与商业性保险不同。根据商业性农业保险的定义可以发现其特点主要体现为保险标的具有生命性和经营风险的不确定性，这导致其很难满足保险的"小概率事件"要求。与商业性农业保险对应的还有政策性农业保险，它们之间的区别则体现在制度规定、参与主体、营利模式等方面。尤其是政策性农业保险的参与主体中至少包括政府机构，政府作为第三方参与其中，对该保险产品的推广起到决定性作用。

虽然政府在政策性农业保险中并不作为保险合同的直接签约者，但却是保险合同的直接推动者，对保险交易的成功起着决定作用。政府作为参与者，既要参与价格的制定，又要提供资金支持和补贴，在灾难发生后，还要协助保险机构进行损失勘察、损失确定和理赔等工作。除此之外，政府还承担了向农民宣传政策保险和组织其投保的工作。这种特点与我国分散的小农经营的现状有关，由于大部分农业经营者生产规模小，且存在进城务工的问题，单纯的农户和保险机构很难达成交易，需要政府的推动。目前一般只有"种田大户"和国有农场直接同保险机构签订保险合同。

在其他国家的商业保险经营中，政府只是作为监管部门，并不直接参与市场交易，除非发生一些特殊的情况（如 2008 年国际金融危机下美国政府对 AIG 的救助）。在政策性农业保险制度中，其他国家的政府也不参与农业保险的中观和微观层面的活动。经营主体（商业保险公司或者保险合作社）都是与客户（投保农民）直接交易，或者通过代理人交易。

我国《农业保险条例》将农业保险的经营原则确定为"政府引导、市场运作、自主自愿、协同推进"，突出体现了在政策性农业保险制度中政府扮演的重要角色。"政府引导"主要体现在上文所说的政府给投保农户的价格补贴，政府用价格补贴方式增加农民收入并激励农户购买农业保险产品。"协同推进"则需要由许多相关政府部门从多个层面协助业务推进，达成农业保险交易，促进农业保险特别是政策性农业保险的发展。

由于政策性农业保险存在上述特点，对其监管的措施也必须与之配套。第一，保险监管的对象不再仅是投保人和承保人，还应该包括第三方参与者——政府。针对保险人和投保人，仍然会涉及保险公司的市场行为、偿付能力和保险公司治理结构三个方面的监管，当然，这三个方面的内容并不是与商业保完全相同，而是需要根据农业保险不同于商业保险的合同特点和经营特点，做出必要调整。第二，监管客体的外延。不同于美国、加拿大等国的监管客体，中国农业保险的监管客体还包括从事农业保险业务的非营利性社团法人和合作保险组织，如包括中国渔业互保协会在内的一批渔业互保组织，陕西、湖北、湖南的农业机械安全协会，中山市成立的农业风险互助协会等都将成为监管客体。第三，农业保险活动的分散性。大量的农业保险交易活动以及签订保险合同之后的防灾减损活动、查勘理赔活动等都是在高度分散的农村基层开展，而保险监管机关都远在省级和中央政府所在地，加之监管人员的配备不足，就很难保证监管的可及性和有效性。第四，信息不对称。由于严重的信息不对称，不少地区的农民事实上处于"被保险"或"假保险"状态，这种严重的违法违规行为难以受到有效监管。

中国农业保险面临的新监管需求和问题应当引起农业保险监管机制、监管范围、监管内容、监管方式以及监管资源配置的转变和改变，否则无法适应政策性农业保险的新局面和新要求。

（三）监管主体探讨

1. 银保监部门负责农业保险的基本监管

农业保险监管机构负责农业保险的监管工作。农业保险由财政、农林、发展改革、税务、民政等相关部门根据各自的职责，承担农业保险推进和管理的相关工作。从理论上讲，保险公司、合作保险组织、其他保险组织等组织的农业保险，应当归银保监会管理，而其他相关部门则根据各自的职责，承担农业保险的推进与管理。《农业保险条例》并未对农业保险的具体覆盖范围做出明确规定，也未对农业保险推进与管理的相关工作进行明确规定。从内容上讲，农业保险的监管主要是对保险公司与投保人（被保险人）的保险合同业务进行监督，其实也包括了一定的监管职责。

农业保险，尤其是政策性农业保险的经济、法律关系的界定，远远超过了商业保险的监管范畴。农业保险的许多活动涉及财政、税务、农业、林业、渔业、民政、发展改革等部门，如果国务院没有专门的机构来承担责任，银保监会要全面履职存在困难。

2. 《农业保险条例》赋予财政部门一定的监管责任

事实上，《农业保险条例》已对上述问题进行了审议，因此，《农业保险条例》赋予了金融机构一定的监督权限，授权银保监机构对农业保险进行监督。

《农业保险条例》第三十条第一款规定:"违反本条例第二十三条规定,骗取保险费补贴的,由财政部门依照《财政违法行为处罚处分条例》的有关规定予以处理;构成犯罪的,依法追究刑事责任。"第二款规定:"违反本条例第二十四条规定,挪用、截留、侵占保险金的,由有关部门依法处理;构成犯罪的,依法追究刑事责任。"这说明在财政补助中存在的违规问题,由财政部门根据相关的对财务违法者的惩罚规定进行监督。关于金融部门的监督,是在金融领域建立一个"农业保险监督机构",还是将其纳入当前的财政管理范畴,并没有明确的规定。

3. 省级政府未被《农业保险条例》授权进行监督

《农业保险条例》明确了省、市、县三级政府对农业保险的管理职责,但对省政府的农业保险管理职责并不明确。第一,明确了我国农业保险的运作方式和推进原则(第三条);第二,建立健全与农业保险有关的信息共享机制(第四条第二款);第三,明确县级以上地方人民政府在农业保险运营中的职责(第五条);第四,明确各级政府对农业保险工作的组织指导职责(第六条);第五,鼓励各地政府在农村地区建立由地方政府出资的大灾风险分散机制(第八条);第六,保险机构经营农业保险业务依法享受税收优惠(第九条)。这些内容仅限于"组织"与"协同推进"的农业保险管理职能,与监督责任和内容无关。

二、我国农业保险监管原则

保险监管一般有三个目标:一是保护消费者利益,主要是避免在格式合同的保险交易中投保方因为信息不对称而利益受损;二是维护保险市场公平的竞争秩序,保证市场效率;三是保护投资者的利益不受伤害。

对于农业保险的监管到底应该依据什么原则,确立什么目标,目前还没有明确规定,有必要进行探讨。具体来说,农业保险监管应该遵循以下原则。

(一)坚持农业保险可持续发展

政策性农业保险作为一种新型的农业风险管理手段,不仅是国家财政政策的重要组成,同时也是国家农业政策的重要组成,对农民增收、农民收入持续稳定增长都具有十分重要的意义。因此,政策性农业保险并非可有可无、可多可少、可经营可不经营的常规保险,而是要从国家财政体制改革和农业发展全局出发,确保并推动政策性农业保险的可持续、平稳发展,不能因监管不力而导致政策性农业保险经营停滞。

（二）维护公平的市场环境

尽管政策性农业保险有别于商业保险，但是由于市场中的经营主体数量较多，因此，必须通过对其进行有效的监督，营造一个良好的交易环境，保障买卖双方的基本权利，以维护市场的公平性。要体现投保人、保险人、政府三者之间的公平性，尊重投保人的选择，保障契约执行的公平和公正。在保障经营者合法经营利益的前提下，确保财政补助经费不受损害，使其合理、公开和透明。因此，监管部门要加强对相关各方的监管，尤其要确保定价的科学合理、承保的准确度高、理赔充分精确。

（三）保障承保农户的权益

政策性农业保险是一种保障农民稳定生产、生活的有效手段。然而，在农业保险业务中，作为投保人和被保险人的农户，居住地相对分散，风险意识薄弱，且缺乏农业保险的专门知识，在保险业务中他们的利益容易受到损害。比如协议赔付、封顶赔付和无理拒赔，欺骗投保人和被保险人，这些行为都是对投保人和被保险人不利的。事实上，在监管缺位的情况下，投保农户很难有途径去索赔。这就需要银保监部门充当农业保险活动中保险人、投保人（被保险人）和政府三方参与者的裁判，为农户主持公道，特别是让农户的利益不受损害。

（四）确保财政经费的科学高效利用

政策性农业保险由政府提供的财政资金进行定价补助。这样的价格补助在保费中占有很大的比重（一般为80%）。这种财政资金的无偿使用，加上我国农业保险制度的特殊性，用于补贴的财政资金很容易出现"跑冒滴漏"现象，导致资金的利用效率下降，同时也会引发诸如贪污等其他问题。监管部门有责任和义务完善这一领域的监督体系，建立可操作性强的监督机制，以确保财政资金不被滥用，从而最大限度地发挥政策性农业保险激励、引导和促进发展的功能。

三、完善农业保险监管体制

（一）加速理顺农业保险监管体制

目前的农业保险监管体制是多部门分工协作监管体制，银保监会、财政部、农业部等部门各司其职，虽然也有协作，但是以银保监会进行保险业务监管为主，其他相关部门只是结合自己的业务范围进行配合的体制。这种体制的优点是各部门利用专业特长，熟悉所管辖的业务，从而便于监管。缺点是多部门协调不利，有的行政部门不太熟悉保险业务，监管和管理不太到位，甚至出现监管真空。监管活动各自为政显然降低了监管效率。例如，许多地方的农业保险通过招标确定某类业务的承保人或主承保人，财政主管部门、农业主管部门、林业主管部门、畜牧主管部门等都可以单独进行招标，其规则、方式、监督制度都不一样，这就会带来一些问题。例如，某省财政部门委托一家中介机构行使农业保险经营主体招标，授予该公司市场分配主导权，该中介机构根据投标公司支付给中介公司佣金多寡分配给各公司市场份额。这显然是不符合市场规范的行为，其他部门还无力干涉。因此，有必要对现行监管体制加以调整和完善，使其适应农业保险的制度和业务特点，进而提高监管效率。

（二）持续完善农业保险监管法规

《农业保险条例》应该是农业保险监管的依据，但是目前该条例无论是对监管体制还是具体监管规则的规定均不太清晰。该条例仅具体规定银保监会负责监管保险业务，财政部负责对财政资金使用的违规违法活动进行查处，其他部门包括财政、农业、林业、发展改革、税务、民政等按照各自的职责，负责农业保险推进、管理的相关工作。条例中的表述存在诸多模糊之处，导致其推进和管理存在一定难度。

这种情况下，各部门很难界定监管范围：谁来负责？谁来推进？谁来协调？这显然给农业保险的监管执法带来困惑。另外，对于参与农业保险业务活动的地方各级政府，特别是县乡村政府在农业保险活动中的作为，应当由谁监管，也是实践中发现的课题。有的地方直接由检察机关介入查处，但是检察机关如果没有相关法律法规授权，不可能经常性地对各级政府及其工作人员进行监督。如果经常性的监管由某个部门负责，就需要在法律法规中加以明确。在美国,这个诉讼责任是由"风险管理局"执行的,并由保险监督协会和州政府指定部门配合实施。

银保监会对农业保险业务进行监管时,实际上无法回避其他政府部门和地方政府的权力范围,因为农业保险活动并不仅是保险机构和农民两方的事。有些涉及其他政府部门或者地方政府的农业保险市场活动,银保监部门即使认为不符合要求也无权制止或无力干涉。因此,根据实践进一步细化和完善监管法律法规势在必行。

(三)强化农业保险专业监管力量

保险监管需要专业的监管人员来进行。目前不论保险监管机关还是相关政府部门都缺乏监管专业人才,使监管难以有效进行。

对于银保监会来说,目前监管资源配置有两个问题:一是监管人员严重不足,二是监管机关和力量的空间配置与农业保险业务不相匹配。监管机关在城市,业务在远离城市的最基层农村,两者相距甚远。另外,财政部门、农业部门、林业部门等实际上都根据《农业保险条例》的规定,管理着大量的农业保险业务,但是因为没有编制,无法设立相应管理机构,监管责任在很大意义上难以到位。

第二节 乡村振兴背景下我国农业保险发展改革路径

"政府引导、市场运作、自主自愿、协同推进"是中国农业保险发展的基本原则,在目前农业保险经营的大环境下,中国农业保险发展改革道路应从以下几个方面进行:一是要确定农业保险的发展方向;二是要根据目前的制度和运行机制,不断地改进和优化,使其能够更好地发挥风险管理的作用,进而更好地促进农业保险的健康可持续发展。

一、我国农业保险发展改革背景

当前,我国已经确立了"完善保险经济补偿机制、建立巨灾保险制度""维护农民生产要素权益、健全农业支持保护体系、完善农业保险制度"等农业发展战略和发展目标。农业保险作为一种农业风险管理手段,其发展改革应以农业发展为导向,以保险业发展为根基。未来的改革思路和方向应按照党中央、国务院的部署,遵从《国务院关于加快发展现代保险服务业的若干意见》

第四章　乡村振兴背景下我国农业保险监管体制与发展改革路径

等有关文件要求，紧密围绕现代农业发展的风险保障需求，进一步完善体制机制，提高服务"三农"能力，促进农业保险稳定快速发展。农业保险体制的建立健全应结合我国国情，坚持"政府引导、市场运作、自主自愿、协同推进"的基本原则，优化现有农业保险制度，加大改革推进力度，不断完善农业保险管理体制和运行机制。

目前，我国农业在积极发展农业保险的同时，也在加快农业农村经济的转型，在保证农业、农村、农民自身发展的前提下，参考美国等发达国家的做法，不断适应新形势，提高农产品在世界范围内的竞争力。

目前我国的粮食最低收购价政策虽然保护了农民利益，提高了粮农生产的积极性，保证了国家的粮食安全，但也造成了农产品市场价格的扭曲，破坏了农产品市场和农产品期货市场的运行机制，影响了市场功能的正常发挥。粮食最低收购价因农业生产成本上涨而逐年升高并超出国际市场价格，在给国家财政造成较大压力的同时，也增加了粮食深加工企业的成本，破坏了粮食生产、流通、加工和消费的产业链条。

鉴于此，我国亟须一种更有效的制度来补充完善乃至取代粮食最低收购价政策。根据国际经验，我国开始试点对大豆和棉花市场采用发达国家的农产品目标价格制度。而从发达国家的经验来看，农业保险制度是粮食目标价格制度的重要组成部分。研究并试点建立粮食目标价格保险应该成为一个重点工作。在确定了改革和创新的道路后，本研究提出了四个主要措施：第一，持续完善农业保险的服务能力和服务范围，扩大农村金融保险的经营范围，尤其是基层金融体系的建立健全；第二，加强风险控制机制的建设，在农村金融范畴内建立多层次分散风险的机制，在国家层面设立专项农业保险的巨灾风险基金，同时完善农业保险的再保险制度；第三，改革市场监管体制，从根本上改革市场准入和市场退出机制，加大力度完善农业保险产品的市场监管，保证农业保险经营按照既定的秩序规范运行，建立有适度竞争的市场体系，促进保险公司完善服务；第四，强化财政信息共享，促进农业保险信息共享，推动农业保险信息化建设。

粮食市场风险是指市场上的食品价格的波动性。由于粮价比农民预期的要低，农民很有可能会减少收入。食品价格的波动可以分为趋势波动、周期性波动、季节性波动和随机波动。根据以往的经验和数据分析，可以预见到食品价格的趋势性、周期性和季节性的变动。而一些不可预测的外部因素，例如自然灾害等，会造成食品市场的不稳定，这是一种难以预料的、随机性的价格变动。粮价目标保险能够有效地减少上述四类价格风险，但是，不同产品设计的重点是不同的。粮价目标保险的主要运作模式为：由各保险公司设计一种针对粮食市场风险的保险产品，与被投保的农户订立保险合约，在出现意外时承担损失和赔付，由国家根据政策制订计划，给予相应的保费补助。所谓的"保险责任"，是指粮食的真实价格比保险合同中所列保障价格低的情况。根据国际、国内农业保险的实际情况，按照其承保责任，将其划分为两种类型：一是以粮食价格变动引起的风险损失为基础，以粮食价格指数作为补偿的农业保险产品。在此种保险中，索赔只依据实际价格指数与保险人和投保人商定的粮价指数的差距，也就是所承保的粮食作物的价格波动，而不考虑投保人的实际产量。二是单纯的价格指数型保险，该保险具有较低的赔付费用，不需到各农庄、农户实地考察，只需按试点区域总体物价水平来决定赔付金额。但是它的缺点也很明显，那就是如果粮食的产量大幅度提高，那么农民的收入就会降低，保险公司就会按照粮价的下跌来补偿。这与保证粮农收入、粮食产量稳定的目标是背道而驰的。

二、基础改革路径：完善管理体制

（一）明确农业保险中政府与市场的边界

1. 深刻认识政府和市场的边界

农业保险市场运行的目的在于建立农业风险分散机制，增强农业抗风险能力，稳定和巩固农业基础地位，保证农业保险发展有一个有利的市场环境，以确保农村社会和谐稳定和减少农民收入波动。农业保险具有较强的公共性和外部性，具有准公共产品属性，这就决定了农业保险的实施必须在政府的参与下才能得以实现。

政府和市场的职能和手段是不同的。在农业保险市场运行下，经营农业保险的企业作为农业保险市场竞争的主体以及农业保险商品和劳务的提供者，有权独立运用其资产进行生产和经营决策，并独立承担社会责任。它们的资金管理、财务核算、再保安排等经营性行为具有明显的专业性和独立性。而政府的职能则是提供适合国情的农业保险制度和有利于农业保险发展的各类政策（特别是财政、税收和协同推进政策），并为企业提供良好公平的竞争环境和适于健康发展的特殊条件，还要按照保险的一般市场规则对企业的市场运行进行监督管理。唯有准确识别农业保险市场和政府之间的关系，清晰界定各自的职责和权利，准确发挥政府社会管理、协调组织、财政支持、市场监督等作用，才能够保证农业保险市场的健康稳定发展。

2. 保障保险公司的自主性，由政府起到导向而不是主导的作用

在市场经济中，政府无法干预企业的自主决策，企业也无法任意改变其政策环境，企业必须充分利用自身的资金管理、财务核算、再保安排等优势，发挥其专业性和独立性。在不依赖于政府的情况下，保险公司要抓住市场机会，全面承担起社会责任，独立地开展业务。

加强保险公司的自主权，必须从以下方面着手：第一，完善公司的经营管理制度，要切实落实好政策性农业保险的补助政策，使农户放心、政府放心。第二，加强企业管理和产品设计的创新意识，从各方面入手，全面保障农业的发展。第三，要对公司进行严格的管理，为广大农户提供高质量、高效率的保险，使广大农民受益。第四，要增强企业的法制观念，树立长远的可持续经营理念，规范企业的经营。保险公司要有一种基本的法律意识，牢固树立遵纪守法的观念，既要保障自身的合法权益，又要勇于抵制各种不合理的行为，拒绝一切不合理要求，唯有如此，才能真正实现农业保险的规范化运作。

（二）要以法治思维约束各类行政权力

权力的制止仅靠权力者自律是做不到的，其权力边界应通过外在力量的约束来划定和实现。在我国政策性农业保险中，政府虽然不是签约人，但在某种意义上却是第一推动力，或者说扮演助推剂的角色。

1. 对政府行为做出明确监管规定

《农业保险条例》并没有对政府监管农业保险相关行为的内容做出全面的规定，有必要进一步完善农业保险立法，完善农业保险的法规体系，加快制定与《农业保险条例》配套的法律、部门规定，用法律规则来规范国家行政机关的行为，做到科学立法、严格执法。

2. 理顺监管体制，加大监管力度

监管体制的建立健全对农业保险市场的健康稳定运行是非常必要的。而加强监管首先需要理顺当前的监管体制，可以从两条路径着手：一是厘清目前农业保险多部门监管的模式，建立统一的农业保险监管体制。监管部门的统一可以保证农业保险的运行始终在同一监管框架下，而不是陷入多头遵从、没有重点的局面。二是继续维持当前多部门监管格局，但这需要一个能够维持稳定的协调机构来协调各部门共同研究监管政策，实施统一的监管活动。当然，要做

这种体制调整，须完善相关规则，考虑修订《农业保险条例》或者加快制定落实农业保险法，适应农业保险的发展和满足农业保险监管要求。

除了体制调整，还需要加强监管队伍建设。如前所述，农业保险的大部分业务活动在县和县以下地区，监管机关却在省和省以上城市，这种监管机构设置难以适应对农业保险的监管需求，因此应在县和县以下地区设立监管机构，以顺应农业保险的市场活动。省级监管机构应该对省级以下的监管机构进行指导、交流并传授监管经验，使监管落实到位。同时，针对监管力量不足的问题，必须要加大国家对监管人员的配备，培养更多的监管人员，使监管工作切实可行。各省银保监局也相应设立农业保险监管处，增加编制，扩充人员，适应监管需要。只有落实全方位监管才能保证农业保险有一个依法合规的市场秩序，保障投保农户权益，提高政府支农政策的效率。

（三）理顺不同层级政府之间的关系

1. 有必要建立政府主导下的统一制度框架

在政策性农业保险体制改革中，应结合地方实际，自主确定政策性农业保险项目的范围、种类、保障水平，自主决定补贴的原则和标准。中央（或保险监管部门）统一制定操作指引，列明农业保险体系所必需的制度因素，如在省级层面设立所需的行政协调机构，明确全省的市场主体和结构，确定地方政策性农业保险的财政扶持政策、扶持重点项目和险种。对基层（特别是县和县以下政府与涉农部门）协助和代理农业保险业务做出具体规定，避免因缺乏一些关键的制度因素，而导致农业保险业务运行偏离目标。尤其是对承保农户的权益造成严重损害的问题，应重点关注并着力解决。

2. 在增加险种的同时，继续扩展其覆盖面

很多种养殖对象不在政府补助范围内，尤其是中央财政补助对象仅有18项，仅靠地方财政对这些保险进行补助，受制于当地财政资金约束，覆盖面相对狭窄。

要扩大这些农作物的覆盖范围。尽管目前某些地方特色农业产品还不能列入中央财政补助的范围，地方政府可以通过"以奖代补"的方式来进行重点扶持。同时，扩大畜产品和林地保险的覆盖面，在畜产品保险、林业保险方面，加大中央和省级的扶持力度。

3. 着力调整政府财政支持结构

加强对中西部、大县的农业保险保费补助，并适当增加对某些险种的保费

补助。增加中央和省级财政对主要粮农保险保费的补助比例，逐步降低或取消产粮大县的县保费补助。尽管目前不能立即取消产粮大县保费补助，但要逐步解决这个问题。尤其是在当前经济增长放缓的情况下，如果立即全部取消，中央和各省的财政压力会更大。

（四）建立健全农业保险农户参与机制

1. 加强农民农业保险意识的宣传

目前，农民普遍接受了农业保险，参加保险的积极性也得到了极大提升，然而由于农业保险的特殊性，许多农民对农业保险的具体政策、合同条款等内容仍然不甚了解。因此，应通过各种形式加大对农业保险的宣传，让农民了解保险、参与保险。

2. 加强农村基本保险体系建设

由于农业保险业务分布十分分散，一旦发生灾害，查勘、定损、理赔都会遇到一些实际问题，因此保险公司要在基层政府的协助下，建立起一个基层网络，才能为农民提供更好的保障。目前，农村保险的基本服务模式主要有两种：一种是完全依靠保险公司自身扩展的经营模式，也就是由保险公司在乡镇建立市场服务部来扩展服务网络。但是，目前我国农村金融机构的重点是一般财产保险，而农村金融保险则由乡镇和有关的农业部门来提供，经营成本较高，自我生存能力较差，难以扩大和普及，只能在一些企业和区域内开展。二是依托基层政府与涉农服务机构合作经营模式，即在乡镇农业、林业基层组织建立农业保险服务站，聘用农业保险专（兼）职人员和村级协保员，协助保险公司的市县级分支机构开展承保、理赔服务。该模式能够充分发挥其成本优势，并能有效地整合涉农服务资源，目前在部分开展较早、业务量较大的农业保险领域得到推广。

3. 积极推进农业保险法律建设

推进农业保险的发展，必须建立健全法律制度。我国农业保险的设计涉及政府、企业、农民三方协同推进，以及各社会团体、各利益团体之间的利益调节。对农业保险而言，其立法目标既是对其进行权威的规范，也是对其权利和义务进行合理分配。有关部门应建立跨部门利益协调机制，切实把农民的根本利益放在第一位，把政策性农业保险制度建设放在首位，把中国政策性农业保险纳入制度化、法制化的轨道。

4. 建立农民参与决策和管理的机制

许多农民在选择农业保险时，对保险制度、保险内容、保险合同条款的理解都很模糊。在制度安排上，政府采取了由政府和公司共同承担的自上而下的财政补助政策，农民参与度较低，政府、公司、农民之间缺乏利益制衡和协调。很明显，这样一种自上而下的制度安排，很难真正地适应农民的实际需要，更难以对其合理要求做出反应。因此，必须让农民参与政策性农业保险的制定和监管。政府、企业和农民三者之间的利益不平衡，会使农业保险运行偏离既定目标，长期脱离目标的行动将会破坏系统自身。为此，应积极培育农户参与机制，建立农户、政府、企业三方利益制衡和协调机制。

三、必然改革路径：优化运行机制

科学完备的管理机制是农业保险可持续发展的基础和保障。不断优化的运行机制是农业保险健康发展的有效途径和必然选择，更是影响农业保险未来发展程度的关键因素。优化农业保险运行机制，政府要在农业保险市场中发挥引导作用，保险机构更多地发挥市场作用。具体可从以下四个方面着手。

（一）完善现有制度，界定政府市场合作边界

尽管《农业保险条例》明确了政府在农业保险发展中的基本职责和运营规则，但是这些职责和规则比较笼统，需要财政部、银保监会等部门制定细致完善的配套规则，进一步划清政府和市场之间的边界，减少地方政府越位、错位等行为的发生。有些省份还没有明确的、完整的本地制度方案，缺乏完善的市场组织和业务操作制度规范，应抓紧时间制定相关政策文件。另外，对没有限制经营农业保险的一些省份和地区，应该通过公开招投标的方式选择农业保险经营机构，以促进农业保险经营的规范和透明。同时应该限制政府和保险部门出于地方保护随意设定限定市场准入条件的情况发生。

在通过完善立法和制度规范来约束地方政府行为的同时，还应该建立起关于农业保险的公共需求表达、公共决策、绩效评估等民主参与机制，充分反映和尊重农民的需求偏好，并进而影响政府对农业保险制度的决策和管理过程，实现权力的制衡。要做到这一点，需要提高农民个体素质，发展基层群众性自治组织，加强基层民主政治建设。

(二) 鼓励和支持商业模式创新

农业保险应在经营方式上进行创新，提升企业的服务质量。由于农业风险具有关联性和信息不对称性，导致农业保险风险收集和分散功能不足。农业保险技术创新的重点在于解决传统的道德风险、高交易成本、逆向选择等问题。

因此，应积极探讨各区域、各类保险标的指数保险等新产品的可行性。与传统的农业保险产品相比，指数型保险能够有效地规避道德风险、逆向选择，并减少交易费用。我国要发展指数型保险，首先要解决的问题：如何降低基差风险？如何使保险公司、政府和农民能够接受这样的技术创新和体制创新？保险区域的气象数据是否比较完整？有没有完善的基础设施？金融市场会不会接纳这些商品？

当然，从各地试验各类气象指数保险（例如安徽的小麦或者水稻天气指数保险、江西的柑橘天气指数保险、大连的海水养殖风灾指数保险、海南的橡胶树风灾指数保险等）面临的实际问题来看，最主要的问题还是政府是否支持和如何支持的问题。如果解决不了政府对创新产品的保险费补贴问题，这些创新不可能得以推广和应用，保险经营机构也不会有持久的创新积极性。

(三) 积极推动农村合作社、合作组织的发展

要培养和运用农户自身的合作社，实行"一家一代理"的模式。与传统的商业保险公司相比，农户自身的合作组织更能有效地解决经营成本高、交易成本高、目标群体信任感不强等问题，更好地满足中低收入群体的需要。从理论上说，商业保险公司与合作组织在向农户提供保险方面都具有相对优势，如果将两者结合，则可以更好地发挥各自的相对优势，还可以降低交易费用以及防止道德风险的发生。

(四) 探索建立竞合机制

农业保险行业由于没有自由化的市场，不能完全实行单纯的市场机制，在不鼓励完全竞争的前提下，应鼓励适度的竞争，或鼓励服务的竞争。因此，必须统一制定政策性农业保险的保费和代理费用，严禁竞争、提高费用，企业之间的竞争主要是服务质量，否则就很难像其他产品那样，在竞争中提高效率、降低成本。由于我国农业保险市场尚未形成完整的市场，适度的控制农业保险机构的数量有利于减少保险的寻租行为，这与充分发挥市场在资源配置中的决

定性作用并不冲突。在同一省份，可以允许符合条件的保险机构从事农业保险业务，或者允许限定数量的保险公司做同类业务，但同时从监管层面规定其保险业务的持续性和竞争性，避免因过度竞争导致经营效率低下。

第二篇　应用篇

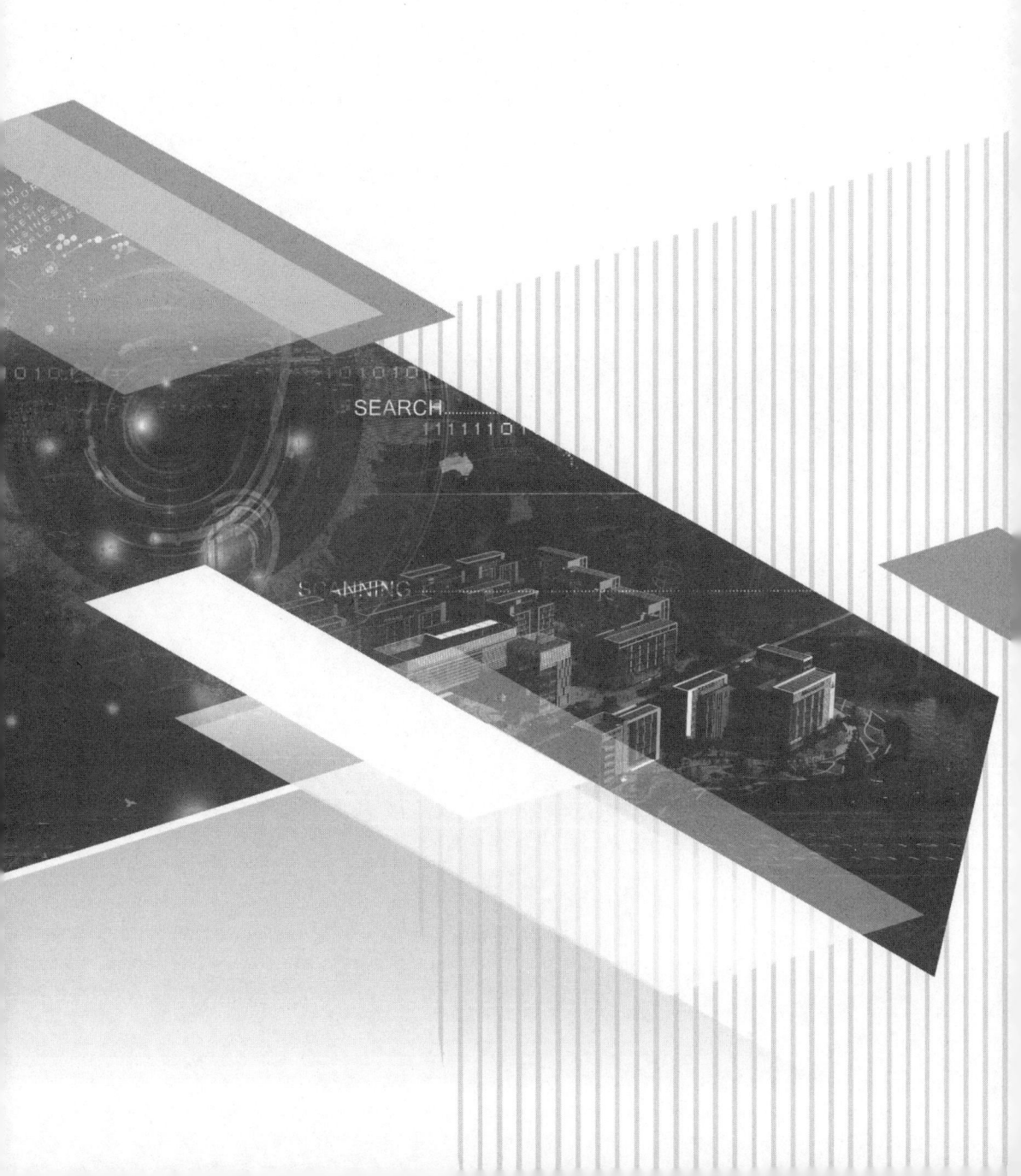

第五章　保险科技在农业保险领域的应用及环境塑造

第一节　保险科技的概念界定及理论基础

一、保险科技的概念界定

保险科技是金融科技的一方面，保险科技的概念也来自金融科技。金融科技是应用于金融行业的信息技术，通过使用新的科技手段和科技工具服务于现代金融业的发展。保险科技是指应用于保险行业的信息技术，广泛地应用于保险行业的方方面面，从保险产品的销售、承保到防灾防损和保险理赔。保险科技应用于保险中的主要技术包括大数据、物联网、区块链、人工智能、遥感技术等，将现代化的技术服务于保险，可以更好地实现保险的功能。通过产品创新、保险营销、保险企业管理、信息咨询等渠道，有助于改良保险生态，克服行业痛点，借助信息验证、风险测评、核保核赔、医疗健康等应用场景提升保险行业相关生态主体的价值。

"保险科技"一词是双主语，既不能简单地理解为"保险＋科技"，也不能理解为"科技＋保险"。"保险＋科技"的概念在保险科技发展的早期被短暂使用过，该概念只强调了词语的简单堆加，忽视了保险科技的科技内涵，没有体现科技的深度应用。"科技＋保险"的概念更加强调科技如何运用于保险，忽视了保险和科技在叠加之后产生的相互碰撞效果。因此，不能简单地用以上两种介绍对保险科技进行诠释。

在最新的保险科技文献中，对保险科技的定义基于以下三方面。第一，在科技快速更新迭代的背景下，科技对保险的促进作用，包括大数据、云计算、物联网等技术应用于保险的经营和管理过程。第二，保险行业发展的现实需要促进了相关科技领域的更新和进一步发展，通过行业需求反向推动科技进步。第三，保险和科技在以上相互作用的基础上进一步交融，从而出现了"网红保险""AI 客服""遥感查勘定损"等体现保险和科技深度融合的新业态和新产品，对保险行业的发展乃至科技的进步产生较大的影响，提升了社会的生产力。

二、保险科技的理论基础

（一）信息不对称理论

信息不对称理论是保险科技的经济学基础。在微观经济学理论中，信息不对称是指在市场经济活动中，市场各方对有关信息的掌握程度是不同的，对市场信息掌握更充分的一方会利用信息优势在市场经济活动中占据主动地位。保险中的信息不对称指的是保险购买和经营中的各方主体对对方的情况不够了解，从而出现道德风险和逆向选择。

保险中的道德风险指的是投保人（被保险人）由于购买保险而出现对风险标的的风险状况忽视的情况，从而发生保险事故增加概率。道德风险在保险中难以避免，同时给保险经营带来了更高的成本。保险公司将投入很多的人力成本和时间成本来判断事故的发生是否存在道德风险。更进一步讲，如果投保人（被保险人）存在骗保骗赔的情形，由于双方信息不对称，保险公司很难在短时间内发现相关疑点，并对骗保骗赔行为做出认定。基于以上情形，道德风险是保险经营中面临的重要问题。

保险科技可以在一定程度上减少道德风险的发生。第一，通过科技手段可以对保险行为进行全程追踪，一旦发现可能触发道德风险的事件，保险公司将从被保险人的行动轨迹中获得线索。第二，通过科技可以比对不同时期被保险人的签名、声音和指纹，一旦出现更换被保险人等情形，保险公司可以通过科技手段第一时间知悉。第三，通过科技手段可以帮助被保险人更好地管理风险，在财产保险中，财产的风险状况可以通过摄像头、报警装置等工具得到更新，保险公司和被保险人可以更方便地管理财产损失风险和盗窃风险。在人身保险中，不少保险公司已经投入使用的心率监测仪、智能健康手环，有助于被保险人实时监测自己的健康状况，一旦出现身体欠佳的信号，被保险人可以迅速就医。综合以上几点可知，基于信息不对称的道德风险是传统保险经营的盲区，而保险科技可以有效地减少信息不对称带来的道德风险的发生。

保险中的逆向选择是指损失率高于平均损失率的群体倾向于购买保险产品。逆向选择也叫逆选择。以死亡保险为例，逆向选择指的是死亡率高于平均人群的亚健康群体购买保险的意愿更加强烈。逆向选择的后果是群体中的损失率高的个体越来越多，优质的风险个体减少，劣币驱逐良币，导致保险理赔超过预期，保险经营难以为继。

保险科技有利于缓解逆向选择。一方面，通过科技手段很容易得到被保险群体的住院记录、就医记录，从而对被保险人的风险情况有整体研判，减少了带病投保的情况；另一方面，保险科技使定制保险应运而生，不同损失率的群体可以根据自己的需求定制专属的保险产品，减少逆向选择带来的不公平。因此，保险科技可以减少逆选择给保险经营带来的损失，规范保险市场的秩序。

（二）保险市场失灵理论

市场失灵是指通过市场配置资源不能实现资源的最优配置。一般认为，导致市场失灵的原因包括市场垄断、外部性和不完全信息等因素。保险市场失灵具体表现为保险市场无法形成有效供给和有效需求的"供需双冷"的状况。

在供给方，市场失灵表现为保险公司不愿意提供保险产品。供给方的失灵在不同保险中的体现有所不同。对于长期性、储蓄性强的险种，保险特点是只有当保费收入过高，对保险公司的偿付能力提出挑战时，保险公司才会出于偿付能力充足率的考虑适当缩减市场规模，减少保险供给。对于短期性险种，部分险种存在市场供给不足的问题，特别是政策性较强的农业保险。农业保险由于保险理赔较不稳定，对保险经营技术和保险资金的要求较高，部分实力较弱的中小保险公司提供农业保险的意愿非常低，从而形成供给失灵。

在需求方，消费者对保险的需求失灵呈现以下四个特点。第一，当经济形势下行，居民收入下降的时候，居民没有足够的钱购买保险。第二，消费者对保险不信任的情况下，会减少保险购买行为，从而将资产配置到其他金融产品中。第三，消费者如果对保险有不好的印象和体验，那么消费者将倾向于不够买保险，同时会向其他人介绍自己的理念。第四，居民如果已经配置了足够的保险，那么保险带给他的边际效应将减少，出现需求失灵。

若农业保险市场供给不足，保险公司提供的意愿低，同时农户有效需求不足，消费者不愿意购买农业保险，就出现了"供需双冷"的市场失灵情况。市场失灵一旦出现，将对整个农业保险市场产生损害。保险科技可以解决"供需双冷"的困境。一方面，在供给端，科技能够提升农业保险的经营效率，从承保到理赔不断减少经营成本，从而降低农业保险的实际成本。另一方面，在需求端，可以提升农户对农业保险的认知，增加农民的收入，扩大农民的生产规模，从而提升对农业保险的有效需求。

(三) 保险价值链理论

价值链理论由哈佛大学商学院教授迈克尔·波特于 1985 年提出。价值链存在于经济活动的方方面面，不同企业存在不同的行业价值链，同一企业的不同部门也有企业自身内部的价值链。价值链是对增加一个企业的产品或服务的实用性或价值的一系列作业活动的描述，主要包括企业内部价值链、竞争对手价值链和行业价值链三部分。价值链上的各项活动都可能对企业最终能够实现的具体价值造成影响。

保险公司的价值链指的是保险公司经营和管理的全流程。保险公司的价值链包含了保险经营全流程的各项活动，包括产品设计、营销、承保、理赔、再保险、客户服务、财务管理、人力资源管理、战略管理、投资等。保险公司的价值链影响着保险公司的经验战略和发展战略。

本研究选取保险公司价值链基本活动中的保险营销、产品设计、保险承保、客户服务、保险理赔等环节来具体分析保险科技的应用。如图 5-1 所示，在保险营销环节，科技的运用主要体现为通过官方网站和保险商城实现销售。同时，使用微信公众号和官方小程序促进销售的实现。在保险产品设计环节，科技的运用体现为智能化定价保险产品，针对客户的个人特征进行保险产品的定制。定制化产品是未来保险的主要形态。在科技的帮助下，保险公司有条件给每一个客户进行单独的风险分析和风险判断，制定出适合的保险产品。定制化的保险对消费者来说具有重大利好。在承保环节，在线承保和在线核保已经成了承保的主要方式。在客户服务环节，一方面，使用科技可以帮助保险公司进行风险预警，对处于高风险状态的标的进行提前评估，从而减少保险事故发生的概率，改进损失数据；另一方面，AI 客服已经广泛地应用到了客户服务环节，目前的 AI 客服可以成功完成 95% 的客户服务任务，减少了公司的人力成本和时间成本。在理赔环节，使用保险科技可以快速识别保险欺诈行为，通过行程比对、声音识别等方式锁定事故中的疑点，从而减少保险欺诈，实现在线查勘、在线定损及在线支付。

保险营销	产品设计	保险承保	客户服务	保险理赔
官方网站 保险商城 专业顾问	私人定制 智能定价 客户画像	在线投保 在线承保 在线核保	风险预警 智能客服 灾害预防	在线查勘 在线定损 在线支付

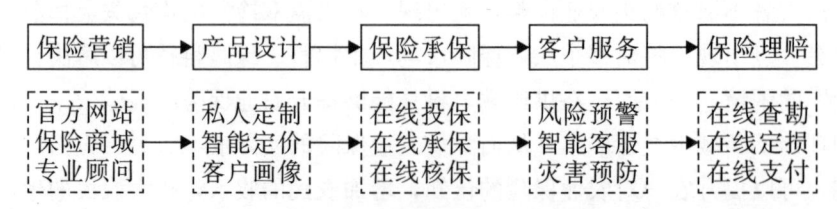

图 5-1 保险科技在保险价值链中的应用

第二节 保险科技的发展历程和在农业保险领域的应用

一、保险科技的发展历程

保险科技不是一蹴而就的，保险科技的发展历程可以分为如下三个阶段。

（一）保险科技推动公司系统改革

保险公司系统包括内部办公系统、保险业务处理系统以及保险单证系统。大多数保险公司是在2000年后大规模引入办公系统和计算机网络的。在此之前，保险单证是纸质的，保险业务的处理也是纸质化。2000年后，各家保险公司纷纷开发自己的办公软件系统和保险单证系统。一方面，保险公司的工作人员利用计算机实现电子化办公，利用办公系统软件、保险业务综合处理系统处理日常保险业务，实现了业务流程标准化、客户信息数据化、业务险种网络化、保险单据电子化。中国人民保险公司是第一家推进保险办公电子化的公司，到2000年，人保公司已经实现100%办公电子化，在全国范围内实现了主要险种上机处理、分保业务联机处理。另一方面，保单从纸质化转变为电子化。纸质版保险单证存在许多问题，例如，投保人和代理人可以私自对保单填写的内容进行涂改，增加了骗保骗赔的概率。因为网络不普及，保险代理人在收取保费后不签发保单的现象也十分普遍。为了杜绝以上的保单涂改、仿制保单、篡改保单等情形，2003年前后，各家保险公司开始进行保单电子化的改革。2003年中国民航率先应用航空意外保险电脑出单系统，实现保险联网投保、保单电子打印，利用电子保单淘汰了手写保单。

（二）保险科技推动保险营销互联网化

互联网渠道的保险营销起步于2000年前后，保险公司开始建立网上商城。但受限于线上支付系统的不完整和网民数量不能覆盖大多数群体，早期的互联网保险营销没有形成规模。推动互联网保险发展的关键因素有两个：一个是线上支付系统的完善，特别是4G和5G网络覆盖后移动支付的普及；另一个是移动互联网走进千家万户，智能手机代替电脑成为主要上网工具。保险营销互联网化有以下三个显著特征：

营销渠道多元化。2010年前后，移动互联网出现了跨越式发展，与之相伴随的就是保险营销渠道的多元化。保险销售不再只是线下的营销和网上官方商城的营销。通过微信、微博、抖音等新媒体渠道进行保险营销成了新时代保险营销人员的主流选择。在微博、抖音乃至知乎等平台，出现了不少"保险大V""保险网红"，流量经济开始渗透到保险当中。多元的营销渠道给保险公司带来了新的销售思路和营销策略，固守陈规将渐渐被社会淘汰。与此同时，专注于互联网渠道的保险公司众安在线在 2013 年正式成立，该公司自成立以来一直以新奇的保险产品、出圈的营销话术而出名，借力互联网进入了公司发展的快车道。2018 年以来，直播带货成为营销的新手段，每年"双十一""六一八"活动中，保险直播带货成了保险业务新的增长点。

互联网带来了新业态保险的井喷。新业态保险是互联网背景下对保险险种和营销的创新。互联网带来了大量新险种，例如伴随着网购兴起了退货运费险、碎屏险、正品险、银行卡保障险等险种。这些险种天然带有互联网基因，也因为互联网的深度使用而不断推陈出新。互联网催生了新业态，也带来了新职业，快递员、外卖员群体和传统业态的就业人群不同，往往没有和公司签订劳动合同，其自身的人身风险无法通过社会保险得到保障。在此前提下，不少保险公司与劳动和社会保障部门合作，面向新业态从业人员推出商业保险产品。

定制化的保险出现。定制化保险指的是消费者根据自身需求定制自己的保险产品。定制化保险出现的基础是保险科技带来的传统保险可保条件的弱化。根据传统的可保条件，需要大量的风险标的形成保险对象，风险才是可控的，保险单由保险公司拟定，消费者只能选择接受或不接受。随着风险管理和风险定价技术的革新，消费者得以根据自己的需求购买保险，而不受传统精算技术的限制。定制化的保险在目前的应用较少，在未来，定制化保险将是主流的保险产品。

（三）保险科技推动保险服务方式改革

保险服务质量是影响消费者对保险满意度的重要因素，也是影响消费者购买保险意愿的关键因素。保险服务分为售前服务和售后服务。保险中的服务和其他行业的服务呈现显著区别，主要体现为保险服务具有长期性，保险服务的好坏影响到消费者对公司其他保险产品的购买。保险科技推动服务改革有以下几种方式：

第一，保险公司客户服务方式的改变，AI 客服逐渐取代人工客服。基于自然语言理解技术和智能推荐算法的智能保险顾问系统可以实现对客户的语言和文本信息的处理,完成和保险相关的各项服务。目前 AI 客服的准确率达到 95% 以上,基本能够实现智能服务覆盖保险价值链全流程,在未来将大幅减少保险公司的人力成本。

第二,保险公司核保方式的转变,智能核保代替人工核保。通过深度学习等方式,智能核保系统不断演化和迭代,得到最合适的模型,最终完成是否承保、以什么条件承保的判断。在新的核保方式下,利用人脸识别技术对投保人身份进行确认,投保人在线自助填单、在线缴费,在几分钟内即可实现投保。目前智能核保已经应用到了大部分互联网渠道的保险单以及部分较为简单的线下渠道险种的核保。

第三,机器人代替人工成为保险服务的重要工具。在承保端和理赔端,机器人是重要的保险服务承载主体。2020 年前后,太平洋保险等多家保险公司出现了智能承保机器人和智能理赔机器人,通过植入算法和系统,代替人工进行保险的承保和理赔。机器人虽然没有应用到全部的保险理赔场景,但是这一技术革新带来的影响将是深远的,保险的从业人员会随着机器人的代替而减少。

二、保险科技应用于农业保险的主要方式

保险科技应用于农业保险的方式多种多样。从事农业保险业务的保险公司积极运用人工智能、大数据、数字孪生等技术,在农业保险业务的产品设计与定价环节、承保环节、勘损理赔环节等开展尝试,实现保险效率的提升和保险助农功能的完善。保险科技对解决目前农业保险经营中存在的问题具有非常强烈的现实作用。

(一) 在农业保险产品设计与定价环节应用保险科技

1. 农业保险的产品设计和定价环节存在的现实痛点

传统的农业保险在产品设计中面临条款灵活性差的问题。受限于农业保险目前的发展策略,每个省份的同一种保险,保险条款的内容是完全相同的,条款灵活性较差。农业的经营存在较强的地区差异性,不同地区采用同样的保险条款,长久来看不利于农业保险的发展。因此,这一问题亟待解决。

传统的农业保险在产品定价中存在费率高、缺乏定价基础的问题。"一省一品一费率"是目前采取的定价策略,保险公司没有自主定价权。保险公司无法根据一个特定地区的风险特点单独制定保险费率。财产保险的定价基础是保

额损失率，在农业保险中，费率是统一制定，而不是根据过往的理赔经营确定的，这给农业保险的市场化经营带来了一定的问题。保险公司无法根据过去2到3年的理赔经验实时地对费率进行调整，农户有可能因为保费高、理赔少而减少保险的购买。

2. 保险科技应用于产品设计与定价环节的路径分析

针对农业保险产品设计与定价环节费率高、条款灵活性差的问题，以遥感技术、大数据分析为代表的保险科技主要通过以下两个途径解决问题：

第一，进行分区域定价策略。分区域定价策略的内在逻辑是保费和风险相对应。分区域定价策略在保险的发展中出现较早，在目前的农业保险实际中主要应用于森林保险。分区域定价的顺利实现有赖于保险科技的加入。首先，风险区域划分要以农业气象数据、农业灾害数据、农业产量数据作为基础，这些数据要靠数据共享、遥感卫星等来获得。其次，风险区域划分需要先进的精算技术，在运用传统的大数法则的基础上，还要引入大数据，把当年的理赔情况、气象情况等作为单独的因子计算到当年的保险费率当中。最后，分区域定价的核心是构建农业生产风险分区图，基于农业生产风险和费率分区图，建立科学的费率确定和动态调整机制，实现基于区域风险差异的保险定价。利用科技手段可以跟踪投保人的行为，并将单一投保人的行为和所有投保人进行比对，从而筛选出经营技术差、风险水平高于平均的投保人，实现差异化的保险定价策略。

第二，开展指数保险等创新性险种，解决保险灵活性差的问题。指数保险包括价格指数保险、天气指数保险等。创新性的保险产品可以解决传统农业保险中的费率僵化和条款僵化的问题，给保险公司进行农业保险创新带来合适的机会。在天气指数保险中，气象雷达、卫星遥感技术为农作物气象灾害风险识别提供准确的气象数据、农作物产量数据，农作物气象灾害风险识别技术再进一步量化气象因素对农作物产量造成的影响，为天气指数保险产品的费率厘定提供依据。在价格指数保险中，成本不再是保险理赔的核算基础，收入和价格决定了理赔金额。从保成本转向保价格，保险费率提高了，保险提供的保障水平也随之提高，可以解决农户的基础性险种保障额度不足问题。在价格指数保险运行的过程中，价格是确定理赔的关键。保险公司使用最新的动态追踪系统，使用一定的数据计量标准对某一地区的特定作物价格进行计算，从而确保价格的实时性和科学性，一方面确保农户可以得到符合自己实际收入损失的理赔金额，另一方面给保险公司在经营农业保险方面增加数据计量，确保稳健经营。

3. 保险科技应用于产品设计与定价环节的实践探索

保险科技在农业保险产品设计与定价环节的应用已经取得了一系列的成果，不管是在政策性险种还是商业性险种当中，都有保险科技元素的融入。以险种创新为例，气象指数保险、价格指数保险等创新性农业保险产品已经取得了初步的成效。气象指数保险目前已经在山东、安徽、江苏、河南、辽宁等20多个省份开始试点，产品主要涉及小麦、玉米、水稻、马铃薯、水果等农产品的干旱、降水、冻害、高温指数保险，也有针对茶叶、烟叶、棉花等农产品的综合气象指数保险。在价格指数保险方面，多家保险公司开发了生猪价格保险、蔬菜价格指数保险并进行了试点。在试点取得良好效果的基础上，部分险种已经在全国进行普及和推广，目前已经开发政策性的生猪价格指数保险，为养殖户提升了保障水平。

(二) 在农业保险承保环节应用保险科技

1. 农业保险的承保环节存在的现实痛点

在目前的农业保险承保环节，不管是种植业保险还是养殖业保险，都面临不足额投保、虚构保险标的等问题。在种植业保险中，承保环节存在的问题体现为虚增投保面积。受限于传统的承保方式和承保手段，不少农户在投保的时候将杂草也计算到投保的农作物当中，以增加投保面积的方式企图不当得利。这种虚增投保面积的方式在内蒙古、黑龙江等农业种植面积大的区域尤为突出。保险公司没有足够的核保时间和核保人员进行实地的验标，从而造成这一问题更加严重。

在养殖业保险中，承保过程中的难点是杜绝"不足额投保"现象。对于养殖的牲畜，部分养殖户选择了部分投保的方式，以支付少量的保费。一旦风险事故发生，养殖户用受灾的牲畜伪装成保险标的向保险公司申请理赔。只有牛、猪等大型牲畜可以佩戴耳标，而小型的牲畜佩戴耳标或脚环的成本过高，且容易被破坏，因此无法解决"不足额投保"的难题。此外，养殖业保险的核保难度大，体现为承保标的数量巨大且难以准确辨别。在实际承保过程中，牛、羊、猪等大型牲畜的数量核实相对简单，但是肉鸡、肉鸭、肉鹅等大宗养殖的家禽活体规模大，且缺少有效标识，承保数量难以精准量化。家禽养殖周期仅为45天左右，每年可出栏6~7个批次，由传统的核保方式和理赔方式应对现代农业生产力不从心，需要大量的人力成本和时间成本，难以按照批次进行承保计算，无法避免道德风险。

2. 保险科技应用于产品设计与定价环节的路径分析

使用保险科技解决农业保险在承保环节的难题，可以通过以下几种方式：一是投保标的的智能面部识别技术。各家主流保险公司都已经开发并使用了"牛脸识别"技术，通过牛的面部、背部采集快速为承保标的创建 3D 特征数据库，结合耳标编号建立唯一对应的标的物身份识别管理系统，使每一头牛都有唯一对应的"数字画像"和耳标编号。如果发生保险事故，只需对比牛的照片和承保时拍摄的照片。目前，智能面部识别技术在实际应用中准确率已经达到 95% 以上，与传统的人工核保方式相比可以节约 80% 的时间成本、50% 的人力成本。动物的智能面部识别技术有利于保险公司节省核保成本，减少道德风险的发生，规范保险的承保环节，解决基层核保人员和养殖户相勾结的问题。二是使用物联网革新承保方式。通过物联网可以从保险系统中准确记录养殖场的进雏、用药、防疫、饲料、出栏数据，再将这些数据与养殖户提交的病死标的物数量等数据进行对比，形成数据闭环，实现对养殖场内标的物的精准承保、精准理赔。物联网技术有利于改进保险公司的承保环节，形成承保到理赔的全流程，从而减少可能存在的道德风险，降低保险公司的理赔成本。

3. 保险科技应用于承保环节的实践探索

目前，智能面部识别技术已经广泛地应用到了各家保险公司的保险承保当中。以人保财险为例，人保财险已经将智能面部识别技术应用到了养殖业保险并进行了全国普及。目前牛脸识别的应用率最高，已经实现标的全覆盖。而猪、鸡等牲畜的应用较少，因为目前的脸部识别技术尚不够先进，猪和鸡在整个生长周期中面部的变化较大，因此实际运用存在一定困难。目前正在开发的技术还包括生物的声纹识别。

（三）在农业保险查勘定损环节应用保险科技

1. 农业保险的查勘定损环节存在的现实痛点

查勘定损环节意味着保险责任的履行，也代表着保险合同的结束。查勘定损环节中，保险公司既要保证对农户的实际损失做到快速精准的理赔，确保农业保险发挥应有的作用；同时，保险公司也要对实际受灾规模和受灾面积进行准确的评估，减少保险欺诈行为的发生，确保得到理赔的农户是真正的受灾农户，保证保险的公平。在查勘定损环节，存在的主要问题是损失规模不好核定、平均赔偿标准不好确定、灾害是否真正发生不能确定。

损失规模不好核定。基于农业风险事故的特点，一旦出险，那么一大部分地区的农作物都将面临损失，损失规模的核定需要理赔员做大量的工作，保险公司将会面临人力不足的问题。由于农业保险中的信息不对称，农户有虚报损失面积的可能，将原本没有种植的区域或原本没有受灾的区域虚报为保险标的，这给农业保险的理赔带来了困难。

平均赔偿标准不好确定。农业保险的传统赔偿是基于成本进行理赔，最近2到3年才转为基于收入进行理赔。基于成本的理赔方式之下，每个农户的具体成本是不同的，一个地区用于保险理赔的资金总量也是不同的。在农业巨灾风险分散机制下，地方政府也对农业风险有理赔责任。这就决定了当事故发生后，会出现协商赔付的情况，根据地方政府的财政情况、保险公司的经营数据，来确定平均赔偿标准。

灾害是否真正发生不能确定。农业保险中经常出现虚构保险事故的情形。在养殖业保险中，部分农户用非保险标的代替保险标的申请保险理赔，从而增加保险公司的经营成本，不利于其他的遵守规则的投保人。在种植业保险中，会出现部分偏远地区的投保人虚构保险事故的情形。由于查勘定损的难度大，保险公司往往无法准确地识别这种道德风险，从而影响保险公司持续经营，不少保险公司会停止经营持续亏损的农业保险险种。农户的不道德行为从根本上损害了其自身能获得保险的权益。

2. 保险科技应用于查勘定损环节的路径分析

使用保险科技解决查勘定损问题，核心是信息处理。在查勘定损开始之前，承保环节的工作也是十分重要的，通过遥感卫星可以对承保地块的边界进行提取，从而将农户的全部投保信息形成农业保险地图，方便"按图理赔"。在索赔阶段，科技的作用更大，实时的受灾卫星图像可以通过技术获得，方便保险公司根据卫星传回的数据开展一个地区的理赔工作，极大地减少理赔环节的人力成本。卫星遥感技术主要应用在大范围灾害发生时进行大规模的灾害查勘定损任务，通常一幅卫星标准图覆盖范围可以达到500~1000平方公里，图像分辨率可以达到5米精度。在实际理赔阶段，保险公司通过将整理的受灾信息与投保信息进行比对，能够迅速完成损失金额、损失面积的确定。通过遥感技术的应用，保险公司可以减少理赔过程中的道德风险，提升保险经营的实际水平和运行效率。

3. 保险科技应用于查勘定损环节的实践探索

卫星遥感技术是目前保险公司应用最广泛、应用实践最成熟的保险科技，几乎所有的农业保险公司都进行了相关的试点和应用。卫星遥感技术在农业保险领域应用较早，以太平洋产险、中华财险、国寿财险为代表的农业保险公司已经推出了基于卫星遥感技术的农业保险智能系统，比如"e农业保险""智慧农业保险""i农业保险"等应用系统。卫星遥感技术主要应用于作物面积估测、农业灾害预警、农业灾害评估。数据显示，卫星遥感技术可以减少重点地区将近20%的理赔金额。这说明使用保险科技可以减少道德风险，帮助保险公司提高理赔质量，最终有利于保险公司降低理赔成本，降低保险的投保价格，惠及大多数农户。

三、保险科技在农业保险领域应用的成效

（一）保险科技的运用方式从科技服务保险转向科技引领保险，提升了农业保险的品质

保险科技在兴起之初主要的运用方式是科技服务保险，例如使用生物智能面部识别技术解决耳标难题和保险核保难题。这种运用可以提升农业保险的品质，带动保险公司提高效率，但是，科技服务保险对农业保险本身的改进是有限的。伴随着科技和保险的深度融合，保险科技的重点已经转向科技引领保险，这种引领作用对农业保险这一险种有明显的提升和带动。第一，科技引领保险产品创新。保险产品的创新需要以科技为引领和带动，由于科技水平的进步，新的保险需求不断涌现，新的保险产品不断出现。第二，科技引领精算技术变革。传统的精算技术是基于大数法则的，需要足够多的保险标的才能保证保险的运行。而保险科技给定制化保险提供了可能，不少地区开始以县为单位开发设计地区型保险，为农业保险提供了更多的灵活选择。以宁夏盐池为例，在科技的引领下，进行了滩羊"小数保险"实践。第三，科技引领保险服务提升。保险服务水平受限于人力、物力和财力，一直是农业保险中的短板。尤其是基层的承保、核保工作往往由协保员完成，容易诱发道德风险，缺乏合理约束和监管。科技引领了新的核保技术和核赔方法，卫星遥感技术和无人机技术对农业保险的理赔服务升级提供了巨大的帮助，保险公司得以提升服务品质，实现理赔公平。

（二）保险科技有效地促进了乡村振兴，带动农村产业升级

保险科技运用于农业保险，不仅可以带动保障水平的提高，还有利于实现乡村振兴的目标。首先，科技的渗透不仅带来了保险技术的转型升级，也可以

促进农业生产和经营的电子化、智能化。保险科技和农业科技相辅相成，对农村地区的发展起到了重要的带动作用。其次，保险科技降低了农户的保险成本，提高了农户抵御风险的能力。最后，在乡村振兴过程中，产业扶贫和产业振兴是主要抓手。只有建立起来特色产业，确保农民有生计、有收入，才算实现了乡村振兴。农业保险对产业发展的支持是显而易见的，通过农业保险可以提升农户抵抗风险事故的能力，减少因灾返贫的可能，扩大农业生产和经营的规模。农业保险也是农村金融的重要组成部分，连同低息贷款等手段一起，能帮助农村地区实现产业的完善和发展，建立支柱产业。

（三）保险科技改善了保险公司的经营水平，有利于促进保险公司增加农业保险的承保规模

保险科技对保险公司经营的改善是深远的，主要体现在以下几个方面：首先，在承保端，传统农业保险的承保难题可以通过保险科技解决，层出不穷的新技术给承保和核保带来了更多选择。同时，智能核保技术的改进和核保机器人等工具的应用可以减少保险公司的核保人员数量。其次，在理赔端，传统农业保险中的道德风险可以通过无人机技术、卫星遥感技术的配合得到控制。农业保险的骗保、骗赔数量减少，保险公司的理赔支出下降，反过来可以降低保险公司的预计损失率，减少精算平衡下的保费支出，从而给农户和保险公司带来更多利益。再次，在产品端，科技给现有的保险产品带来了品质提升，保险产品的经营全流程得以更好的呈现，保险公司可以有精力运营多个保险产品，增加整体的农业保险覆盖率。最后，在风险管理端，农业保险是农业风险管理的有效工具，保险科技可以提升保险公司处理农业风险的能力，尤其是处理农业巨灾风险的能力，提升保险服务社会和服务民生的水平，为保险公司的长久发展带来契机。

第三节　保险科技在农业保险领域应用的环境塑造

第一节和第二节已经对保险科技在农业保险中的应用方式、应用领域和应用效果进行了分析。本节将着眼于保险科技应用的环境塑造，为更好地运用保险科技提供合理化建议。

一、外部经济环境塑造

外部经济环境的塑造对保险科技的发展至关重要。保险科技应用于农业保险的外部经济环境主要包括两个方面：

一是整体经济环境和营商环境的塑造。有研究表明，整体经济发展水平高对保险的发展起到正向刺激的作用。经济发展水平影响保险科技的发展有两个路径：第一个路径是经济发展直接提升保险科技水平；第二个路径是经济发展影响保险市场的供给和需求，从而提升保险科技的整体运用。在第二个路径中，调节变量是保险市场的供给和需求情况。若经济形势向好，保险公司投资收益情况良好，偿付能力充足，倾向于增加保险供给，丰富保险的产品线。同时，消费者为了抵御风险，增加对保险的购买。社会的营商环境同样是保险科技发展的重要影响因素，若营商环境放开，科技创新的力度将增加，会有更多的科技公司投入足够的资金进行新技术研发和测试，给保险科技带来重大利好。营商环境较好的情况下，保险公司也有强烈的意愿进行农业保险的技术创新。

二是保险创新环境的塑造。保险创新环境是指为了促进农业保险更好地发展，塑造利于创新、鼓励创新的外部环境。保险创新环境的塑造主要指以下几个方面。①塑造有利于保险科技发展的硬件设施环境。良好的硬件设施对鼓励保险科技的创新和发展是十分有利的，特别是遥感设施、智能机器人等。②塑造有利于保险科技发展的保险组织架构环境。目前保险公司内没有设立专门的保险科技事业部，在分支机构也没有专业人员处理和保险科技相关的业务。好的保险组织架构需要在分支机构设立人员处理保险科技相关事宜，在保险公司总公司层面设立专门的首席科技官，作为高管统领整个公司的保险科技布局。③塑造有利于保险科技发展的技术创新环境。技术创新是保险科技的源头，为了帮助农业保险更好地发展，应该营造技术创新的环境，保险公司应该和专业的科技公司开展深度合作，同时开放不同公司间的共享平台，使保险科技提升整个农业保险的生产效率。

二、外部政策环境塑造

针对保险科技应用带来的新风险、新问题、新漏洞，银保监会要及时应对。外部政策包括和保险相关的法律，也包括地方政府对保险科技的支持。和保险科技相关的法律目前有待完善，在《中华人民共和国保险法》中也没有加入和保险科技相关的内容。目前行业内关于保险科技的政策文件，最权威的是《保险科技"十四五"发展规划》。该规划是 2021 年 12 月由中国保险行业协会颁布实施的。该规划明确了保险科技的作用、保险科技的发展形势、对保险科技的总体要求、保险科技工作的重点和保险科技的保障措施，为保险科技的发展营造了良好的外部政策环境。地方政府对保险科技的支持主要体现为对特色产业的扶持和税收优惠，例如，对从事农业保险科技创新的企业给予税收优惠政策，从政府层面为鼓励科技创新提供好的环境等。

三、外部监管环境塑造

对保险科技进行监管的主体部门应当是中国银保监会及其附属机构。如果对农业保险科技的监管过于严格，保险公司将失去创新动力，行业发展将受到束缚；如果对农业保险科技的监管过于宽松，那么将出现重复创新、低效创新、骗取配套资金等问题。因此，银保监部门要营造合适的监管环境，出台相应的监管措施。银保监部门要针对当前保险科技的应用现状和实践中存在的问题及时出台保险科技应用指导意见和相关政策。一是制定统一的发展规划和应用标准，对保险科技进行引导和规范；二是积极推广成熟的保险科技应用模式，将当前保险科技应用成果较好、合理规范、模式成熟的典型案例进行总结和推广。

四、行业信息共享环境塑造

农业保险科技得以实现的关键是信息共享和数据共享。只有将不同行业、不同公司的数据进行实时对接，适合保险发展的科技技术才能够真正落地。例如，定制化保险对不同行业的数据共享提出了较高的要求，而遥感技术下不同的保险公司都可以使用卫星传回的实时地块数据。要构建保险行业内的信息共享平台，通过行业内风险数据信息的共享来提升保险的精细化程度和风险管控能力。保险信息共享的重点在于打破行业间的数据壁垒，尤其是农业、林业部门的农业经营数据。好的信息共享环节对不同部门来说是多方共赢，既能带来保险公司的效率提升和经营技术改进，也能解决困扰政府的灾后损失赔偿、农业防灾防损、地方特色产业发展等问题。

保险科技作为新生事物，在运行的过程中也存在新的风险，其中，经常出现的风险包括信息泄露风险和技术变革风险。信息泄露风险指的是在科技发展的过程中，有心术不正的人觊觎保险科技的信息。消费者的个人信息有被恶意泄露的风险，这种情况下有可能有中小保险公司购买用户数据，从而不利于消费者的合法权益，也给科技的进一步应用带来阻力。技术变革风险指的是技术更新迭代的速度太快可能引发的风险。例如，如果保险公司花费大量的时间和金钱用于网站建设和维护，后来主力的营销平台却是新媒体，这就会造成技术迭代过快带来的浪费。险种开发也面临技术变革风险。传统的精算技术、精算工作正在受到大数据和人工智能的挑战，部分精算工作容易被人工智能替代，同时，在海量的背景下，大数法则的重要性也逐渐降低，这些都给保险带来了不小的风险。

第六章　无人机技术在种植业保险中的应用

第一节　种植业保险概述

一、种植业保险的经营模式

种植业保险是农业保险中的重要险种。种植业保险在保护粮食安全、推进乡村振兴方面起到重要的作用。在种植业保险中，三大主粮作物已经实现了保费补贴的100%全覆盖，其余经济作物保险的覆盖面也呈逐渐增加的趋势。

目前种植业保险的经营模式大致可分为以下几种类型：

第一种是商业性保险公司独自经营模式。在该种模式下，保险公司是农业保险的经营主体，负责农业保险的险种设计、保费收取与损失赔偿。目前在我国该种模式的运用主要是商业性农作物保险，例如各种与经济作物相关的保险。同时也有地方政府为了扶持特色产业发展，从县级财政中拿出来一部分作为给农户的保费补贴，委托保险公司开设政策性保险。

第二种是地方政府部门与商业保险公司联合经营模式。这种经营模式是基于保险公司与当地政府的财政、农业部门合作，依据国家或者当地的农业实际情况，一同经营种植业保险业务，做到风险共担。在这种模式下，由各级财政提供一定水平的保费补贴，同时拿出一部分财政资金作为大灾风险基金。保险公司和政府共同承担风险，共同运行该保险产品。农户只需支付一定比例的保费，其余保费由财政负担。财政和自负的比例一般是财政承担40%，自己承担60%；或者财政承担30%，自己承担70%。这种模式的典型代表是前些年在各地推行的"联办共保"模式。在这种模式下，如果年末保险的经营出现较大亏损，则由政府和保险公司共同兜底，对超过所收保险金的大额赔款进行赔偿。如果年末略有盈余，也由保险公司和政府共同结余。

第三种是农村保险互助会社或保险合作社经营模式。这种模式也带有互助保险或相互保险的性质。伴随着农村土地流转，不少农户的种植面积增大，亟需农业风险管理的手段和工具。这种经营模式基于"单独立账、资金存留、以丰补歉"的经营原则,能够充分调动农民投保积极性。但互助会社的范围小,农民缺乏经营管理专业保险的能力,如果遭遇大的灾害难以妥善处理。该模式的升级版本是相互制的农业保险公司,目前我国黑龙江有阳光农业相互保险公司,基于互助合作的关系,服务于有保险需求的农户。

第四种是农业巨灾风险分散模式。农业保险中最重要的内容是农业巨灾风险分散。由于农业经营的特殊性,气象变化和灾害事故有可能带来大量的保险理赔,一旦出现旱灾、洪灾、雹灾等自然灾害,保险公司将面临一个县乃至更大范围内保险标的的索赔。因此,建立农业巨灾风险分散机制是非常有必要的。农业巨灾风险分散机制分为政府主导和商业保险公司主导两种。如果是政府主导,那么将设立专门的大灾风险基金,处理巨灾可能带来的理赔,或者和保险公司事先做好约定,超过总收取保险费一定比例的损失由政府承担。如果是商业保险公司主导,巨灾风险分散可以分为安排农业再保险和设立农业保险理赔的区域动态平衡两种方法。农业再保险指的是通过再保险的方式转移保险公司的风险,本质上是分散风险。农业保险理赔的区域动态平衡指的是有较强社会责任的保险公司在出现巨额索赔后,在全国不同地区进行农业保险的盈亏平衡设计,确保下一年份仍然可以承保和经营农业保险,而不会因为一次理赔而退出农业保险市场。

第五种是政府部门直接或间接经办的政策性经营模式。政策性经营模式在农业保险发展的特定历史时期是主要的经营方式,该模式下政府起主导作用,对险种设计、保额确定、费率确定具有全部的话语权,农业保险经营的亏损也由政府来弥补。该模式下,在保险期间如果发生保险合同中规定的灾害损失,则开展勘察定损工作进入理赔环节。农作物受灾程度的大小,是否符合理赔的条件,保险公司应当支付多少理赔金额,是这一环节关注的核心问题。政策性经营模式的不足之处在于无法调动保险公司的经营积极性,难以通过市场的方式化解风险。因此在我国种植业保险实践中,纯粹的政府直接经营非常少,目前大部分种植业保险都有商业保险公司参与其中。

二、种植业保险的典型经验借鉴

(一)美国、加拿大模式——政府主导参与

实行政府主导参与模式的国家以美国和加拿大为代表。政府主导参与模式

以国家专业保险机构为主导，对政策性农业保险进行宏观管理和直接或间接经营。政府主导参与模式的主要特点是农作物的种植面积大，且较为集中。以美国和加拿大为例，较少有小规模的农户，这种模式通过统一的农作物保险为农户提供风险保障，可以极大地分散农业生产经营的风险。保险公司在完成承保后依托再保险实现风险分散。

这种模式对我国发展种植业保险具有借鉴意义。政府参与是农业保险得以迅速发展的关键因素，也是我国实现乡村振兴的重要工具。在我国农业保险的开办过程中，"联办共保"模式是由政府主导、保险公司参与的经营方式。该方式将保险公司的风险管理经验、风险管理能力和政府的执行力、主导力进行结合，获得了较好的效果。

（二）日本模式——政府支持下的社会互助

政府支持下的社会互助模式的主要代表国家是日本。社会互助模式的政策性很强，由国家对主要的农作物，如水稻、小麦等和饲养动物实行强制保险，其他农作物是自愿保险。直接经营农业保险的机构是不以营利为目的的民间保险合作社。

相互保险和互助保险在我国实践较少，在相互保险领域，有阳光农业相互保险公司。在互助保险领域，有渔业互助保险协会。互助保险可以减少纯商业保险中的人力成本、核保理赔成本，减少道德风险的发生。互助保险和相互保险的劣势是不容易在较大的范围和面积内推广，伴随着规模的扩大，险种的经营成本也不断增加，从而使得互助保险失去其优势。

（三）西欧模式——政府资助的商业保险

政府资助的商业保险主要出现在德国、法国、西班牙。该模式的主要特点：全国没有统一的农业保险制度，政府一般不经营农业保险。农业保险主要由私营保险公司、保险合作社经营，农民自愿投保。为了减轻参加农业保险的农民的负担，政府给予一定保费补贴。

目前我国大部分的农业保险都属于政府资助的商业保险。一方面，由政府给农户一定的保费补贴，通常补贴的比例从30%到100%不等，根据险种不同而有所差别，三大主粮作物的保费补贴比例甚至可以达到100%，而部分地方性保险险种的补贴比例较低，只占到总保费的30%到40%。保费补贴可以提升政府财政资金的使用效率，同时给农户带来切实的保费优惠，减少农户的承保费用。另一方面，政府资助的商业保险，主要的经营机构是商业保险公司，政府不参与保险公司的实际运行，全部的保险流程都由保险公司按照商业模式完成。政府资助的商业保险既可以实现农业保险的普惠性和福利性，又可以通过商业化的保险机制降低成本，一举多得。

（四）发展中国家模式——政府重点选择性扶持

发展中国家模式主要以一些发展中国家为代表，如巴西。政府重点选择性扶持的特点是农业保险主要由政府专门的农业保险机构提供。在该模式下，保险险种少、保障程度低、保障范围小，不能完全实现对农业风险的覆盖。该模式下的种植业保险以强制性保险为主，同时农业保险是农村金融体系的一部分，除了农业保险，农户也可以申请涉农贷款。

三、种植业保险经营存在的问题

因为种植业保险对于标的物信息的准确性要求很高，但目前大部分保险公司还是依靠人工勘测获取数据，这就使现行的种植业保险业务模式在承保阶段、农作物生长阶段以及标的物出险阶段都有可能存在经营风险。

（一）种植业保险存在承保成本高的问题

种植业保险在承保阶段需要收集农田面积、范围、权属等信息。保险公司需要付出大量的人力成本对农田信息进行核实，承保成本高。同时，基层协保人员有可能和农户勾结，虚构投保面积和保险标的。各地已经完成的土地确权利好种植业保险，但对土地是否种植了农作物还需要靠核保工作加以确认。

（二）种植业保险存在骗保骗赔的问题

理赔环节关系到农业保险的效果能否实现，也关系到下一年度保险公司是否经营该险种。如果骗保骗赔情况过多，导致保险公司严重亏损，那么保险公司会缩小规模或停止经营农业保险。相反，如果保险公司惜赔、拒赔，就会使农户怀疑保险的效用，对保险产生不好的印象，进而影响农业保险效果的实现。在理赔环节，最常出现的是农户虚报受灾面积，意图获得比实际损失更多的保险赔款。这一问题靠传统的核赔难以解决，因为灾害事故发生时，受损标的数量多，保险公司难以有足够的时间和精力逐一排查。基于种植业保险在理赔环节存在的问题，有必要靠科技手段加以解决。

（三）种植业保险存在保障水平低的问题

从 2007 年开始，我国逐渐推行带有财政补贴性质的政策性农业保险。目前，种植业保险的覆盖范围广，补贴比例高，但是保障水平偏低。一是体现为对不同作物的保障水平存在差异。除主要粮食作物（水稻、小麦、玉米）和油料作物（大豆、花生、油菜）的保险覆盖面较广外，其他作物的覆盖面较小，农业保险难以对特色农业提供足够的保障支持。二是体现为保险金额偏低，只能保成本，做不到保价格。当前的大部分种植业保险，都是以成本作为保险金额确定依据，当发生理赔后，理赔金额偏低，不能为农户的收入和价格提供保障。现有的收入保险和价格保险在养殖业保险中的应用较广泛，在种植业保险中尚未大面积地推行。目前的种植业保险大部分是保成本，原因如下：如果保险金额增加，保费水平会大幅增加，农户的投保积极性可能下降，同时也需要更多的财政资金进行配套的补贴。受限于现在的经营水平和经营技术，较难实现对不同地区不同农户的差异化定价和承保。

（四）种植业保险存在补贴政策不完善的问题

种植业保险的现有补贴政策可以按险种进行区分。三大主粮作物目前实行的政策性保险，其财政补贴的比例是 100%，分别由国家财政、省级财政和市级财政提供不同比例的保费支持，农户自己无须交保费。地方特色性险种目前采取农户自费和财政补贴相结合的方式。地方政府针对当地的特色支柱产业和保险公司合作开发险种，其中保费部分由农户自费 40% 到 70%，其余部分由县级财政承担。每年底，省级财政对这部分的县级财政支出提供奖补政策，向县级财政返还部分已经补贴的资金。商业性农业保险是保费完全由农户自己承担的种植业保险，由有需求的农户自行购买。

种植业保险存在补贴不完善的问题，主要体现在三个方面。第一，现有补贴政策对经济欠发达地区不太友好，有可能加剧地区间的不公平。目前的特色奖补政策鼓励县级财政对特色农业保险进行保费补贴，采取先补贴后奖励的方式。该方式下，而经济欠发达地区的财政资金不足，无法拿出资金对农户进行保费补贴，也无法获得后续的奖励。这种情形下奖补资金将流向经济较发达的地区，从而和农业保险促进公平的初衷相违背。第二，目前的补贴政策局限于投保端对农户进行补贴，没有对经营农业保险的保险公司提供补贴，而且在发生较大的风险事故后没有形成较好的财政资金兜底理赔的机制，影响保险公司的持续发展。第三，种植业保险保费补贴实行"补贴联动"的资金拨付制度，只有在地方财政的配套资金到位的情况下,中央财政才给予资金支持。"补贴联动"的补贴方式虽然有效地规避了地方政府的道德风险,却有失公平。部分地区由于资金周转原因,上年的财政补贴款直到下年初才陆续下拨到县级保险机构,导致补贴资金不能足额及时到位。

(五)种植业保险存在供给和需求不匹配的问题

目前种植业保险存在供给和需求不匹配的问题:一是不同主体与保险金额不匹配。保险公司设计的保险金额偏低,主要是为了满足大多数农户的投保要求。保险金额如果过高,保险费将增加,投保人数会下降。而农户存在差异化保险需求,对新型农业经营主体或农业合作组织来说,现在的保险金额远远无法满足规模化经营下的风险防范要求。二是保险宣传和普及不到位。消费者存在对农业保险的需求,但是保险宣传无法准确抵达农户,大部分农户对不同种植业保险的保险范围、保险责任和除外责任并不了解,从而抑制了农户对种植业保险的投保需求。在保险公司的宣传政策方面,现有的宣传策略不够接地气,新媒体、流媒体对保险宣传的开发力度不够,无法将保险产品用清晰、通俗的形式推介出来。三是保险服务的供给和需求不匹配。在保险公司层面,保险服务主要包括承保、防灾和理赔,专业的承保人员和理赔人员都缺乏,这给种植业保险的经营带来了困难。在消费者层面,除了保险的常规服务外,还存在对农作物长势进行监测、对产量进行预测、对可能的灾害进行预警等服务需求,这部分需求需要保险公司和农业监管部门、气象部门联动才能实现。目前在农作物全生长周期的风险管理方面,保险公司的现有服务不能满足农户的正常需求。

第二节 无人机技术概述

一、无人机的核心技术

无人机的核心技术主要是指无人机的硬件结构及相关应用。现代无人机有各种各样的应用,以此衍生出多种结构、原理的无人机。按飞行平台构型,无人机可分为固定翼无人机、无人直升机、多旋翼无人机等。无人机技术主要包括以下几类:

动力系统技术。消费级多旋翼无人机续航时间基本在 20 分钟左右,外出飞行不得不携带多块电池备用，这制约了无人机技术在很多领域的商业化应用。现有的动力技术还存在较大的改进空间。在种植业保险的作业中，农村地区地形复杂多样，难以在较短时间内完成工作，因此对无人机动力的要求较高，保险公司需要配置动力较充足的无人机进行实地作业。

交互系统技术。目前大部分无人机需要使用遥控器进行操作，极少数使用人体传感等新形式。随着新技术的发展，无人机应简化对操作人员的要求，提升用户体验。未来的人机交互可以使用人体传感、红外技术、手势控制等多种方式，但目前这些新技术在精确度上较差，不能满足种植业保险的实际需求。

通信模块。2015年，中国移动开发4G"超级空战队"设备，能支持航拍影像即拍即传。而5G的速度更快，4G和5G网络的发展给无人机的即拍即传提供了极大的便利，应用场景也实现了拓展。2013年德国卡尔斯鲁厄理工学院开发出了一项新的无线广域网技术，打破了最快的WiFi网络速度纪录，它可以让1公里以外的用户每秒钟下载40GB。这种无线广域网尤其适合在户外、地形条件复杂的农村地区使用，有利于实现种植业保险的实时承保和实时理赔，减少保险公司和农户的沟通成本。

芯片技术。神经元芯片是目前芯片领域的核心技术。如果能开发出和保险公司的智能农业保险系统相适应的芯片，将大大提升无人机的使用效果。未来将能够实现无人机通过实时传递图像自动完成损失的查勘定损，植入人工智能模块，给保险的承保理赔带来便利。

空管系统。空管系统是无人机交通控制系统，这个系统将让数千架无人机同时飞行而不会碰撞。随着无人机的数量增多，空管系统有必要建立并应用。

二、无人机的前沿技术

（一）CRPC技术[①]

CRPC技术目前主要应用于低空无人机的探测和防御。它是利用无线电频谱感知技术（类似于互联网杀毒软件对病毒的特征进行提取），在背景噪声中提取出无人机通信信号（主要是遥控及图传信号）并对其进行深入的逆向解析。通过对无人机通信协议进行离线分析并提取特征（电子指纹ID），包括但不限于信道分布、调制方案、编码方案、导频序列、同步序列、链路层结构

---

① CRPC技术：Cognitive Radio Protocol Cracking技术的简称。

等。基于以上分析结果，形成无人机检测数据库。

（二）RFML 技术[①]

RFML 技术通过神经网络来广泛提取信号特征，以达到识别无人机信号、ID 等功能。在低空飞行器的识别和防御上，其神经网络不依赖于发射信号的特殊设计，能够提取并加以利用的信号特征范围更远，且学习训练时间更短，可快速识别不同类型的低空飞行器，以实现未知无人机的信号学习和机型库的快速扩充完善。RFML 有以下特点：快速支持未知无人机，对于穿越机等新型无人机的支持，只需要获取一定量的无人机信号，之后通过对神经网络的训练，便可以达到对该新型无人机的支持。神经网络的训练与传统的人工提取信号特征相比，具有时间短、人工参与少等显著优势。无线电应用范围更广，传统的无人机检测技术大多依赖于发射信号的特殊设计，而难以利用信号其他的独有特征（比如说 CFO）。然而，这些特征是可以被 RFML 利用神经网络来提取而加以利用的。RFML 可以利用的信号特征的范围远大于传统技术，因此，RFML 可以被应用的范围会远超过传统技术。

（三）TDOA 技术[②]

TDOA 技术需要高精度探测器作为基础，否则定位技术就会失去意义。因此，TDOA 技术在高精度无人机检测技术的加持下，将实现任何无人机不仅"检得到"，还能"跟得准"。通过 TDOA 技术可以实现无人机"精准识别"和"精准定位"功能。

三、无人机应用于种植业保险的系统构建

（一）使用无人机进行航拍测绘

随着科技的进步，以及无人机的普及，无人机在测绘工程中的运用已非常普遍。无人机航拍测绘具有精准度高、效率高、可以对数据进行分析等优点，其在测绘工程中的运用逐渐受到越来越多人的青睐，在种植业保险中得到了广泛的应用。

[①] RFML 技术：Radio Frequency Machine Learning 技术的简称。
[②] TDOA 技术：Time Difference of Arrival 技术的简称。

无人机具有快速的响应能力。无人机航拍测绘一般是在低空飞行，因此其空域申请很便利，且在飞行中受天气条件的影响较小。而且无人机具有体积小、携带便捷、操作方便的特点，在进行测绘的时候，可以很快地进入工作中，测绘效率高，适用于农业保险的承保和理赔场景。

无人机航拍测绘的综合应用能力强。在运用无人机进行测绘时，不仅可以运用无人机航拍测绘系统发挥其独特的作用，而且无人机还可以与卫星遥感、航空测绘以及地面监测手段等综合应用，以更好地完成测绘工作，使其结果更精准。在种植业保险的实践中，无人机航拍测绘和遥感技术、数字孪生技术一起，可以实现不同场景下的种植业保险业务操作。

无人机可以快速获取地表数据。无人机航拍测绘系统可以携带数码相机、数字彩色摄像机等设备，以便获取具有高分辨率的影像，进而获取更精准的数据。无人机系统可以利用所获得的信息生成DEM、三维正射影像图、三维景观模型、三维地表模型等二维、三维可视化数据，这些数据都可以直接运用于农业保险智能系统的开发和应用。

（二）使用无人机进行三维立体建模

由于无人机具有独特的高空视角，因此被大量应用于工程测绘和三维建模等业务中。通过倾斜摄影、正射影像等方式获取的三维影像数据，能够更大范围地还原地面上较为庞大的物体。

点云融合方式下，可以利用无人机对物体进行倾斜摄影来获取图片，再利用其他工具合成图片，生成三维模型。由于无人机拍摄是从上往下的视角，在进行数据采集时，当物体较高时，其底部很容易被东西遮挡住，特别是在建筑物较为密集的区域，会严重影响扫描的成像，高精度拍摄效果较差。为了弥补这个缺陷，飞手在操作无人机时必须要经过目标建筑物的上空，才能获得完整的影像信息。再结合地面三维激光扫描的方式，使得物体的整体外观图像达到较高的精度。在农村地区较高建筑物比较少，所以点云融合方式更适用于都市农业和小规模经济作物的承保和理赔。

立体环绕方式下，首先连接多旋翼飞机移动端，在实景地图上找到目标物体的位置点；其次在物体底部创建一个多边形，目的是包住该物体进行垂直摄影；再次设置多边形的高度，形成一个立体多边形，再设置航向重叠率和旁向重叠率，这时就可以在界面上预览航线，然后根据需求调整参数，开始飞行任务。当任务完成后就能获取图片数据，再通过三方工具合成三维建模。此方式的优点是步骤简短易操作，图片拍得越多，获取的细节越多。

智能摄影下，在实景地图上找到目标物体的位置，将无人机手动飞到目标物的上空并点击开始摄影，无人机就会开始环绕目标物体自动进行摄影，环绕路径和云台角度将在地图界面显示，摄影完成后将弹出提示；再将视频文件移动到三维建模工具中，生成立体模型。

第三节　无人机应用于种植业保险的模式创新

将无人机技术应用于种植业保险，有利于解决现有种植业保险面临的承保和理赔难题。无人机技术的运用，可建立标准化数据库，形成海量农业信息，有利于农业标准化和农业现代化的实现。无人机技术也可和其他技术一起，服务于乡村振兴，通过"按图承保""按图预防""按图理赔"来完成保险科技对传统农业保险经营的迭代创新。

一、无人机应用于种植业保险承保验标的模式创新

（一）无人机运用于承保环节的主要模式

在种植业保险的承保环节，最核心的工作是确定保险标的面积和地块信息。这部分工作容易受到外部因素干扰，如基层协保员和农户勾结，虚报保险标的；如部分偏远和交通不便的地区，农户基于信息不对称，将没有种植作物的地块虚报为保险地块。无人机运用于承保环节的内在逻辑如下：使用无人机结合定位技术和影像拍摄，制作出地块信息地图。将无人机拍摄的结果和相关主体进行确认，尤其是投保作物、投保期限、投保面积，同时到村两委进行公示，公示无误后再将投保信息计入保险数据库，出具保险单。保险单上包含投保信息的简要介绍，方便农户及时查看。使用无人机对种植业保险标的进行核保验标，可极大地减少保险纠纷，也可提高保险公司的经营能力，减少在一个地区的承保人力，使效率得到极大的提升。

（二）无人机运用于承保环节的典型案例

1. 宣汉县清脆李的投保

以往宣汉县对青脆李投保查勘都是采用传统人工手段，效率低、成本高、误差大；发生较大灾情时，缺乏精确、可靠的数据支撑，无法做到准确、公

平、及时地提供定损理赔方案。为解决这一难题，2019年宣汉县农业农村局对参保的集中连片青脆李种植基地和园区，大胆尝试运用无人机航拍技术验标，为农业保险查勘验标插上了科技的翅膀。县农业农村局组织太平洋保险宣汉分公司使用Phantom 4 RTK小型多旋翼高精度航测无人机为青脆李种植园进行精准承保核查，实现了科技助农。利用无人机航拍影像作为投保、理赔依据，建立农业风险遥感数据采集分析和展示平台，提高农业保险承保及查勘理赔的科技化、精细化水平，解决了投保地块不易锁定、风险难以防范等难题，大幅度提升了政策性农业保险服务"三农"的能力。

2. 岳阳水稻保险的科技化验标

水稻保险投保存在乡镇分散、投保农户众多，传统验标方式人力成本投入大、效率低，且投保地块不易锁定、风险难以防范等难题。2022年中华财险岳阳中心支公司依托无人机航拍技术及地块落图功能，对水稻保险进行"科技化"验标。在验标现场，通过对无人机飞行路线进行设置，用时仅30分钟就完成了500余亩水稻的验标工作。通过航拍镜头，可以清晰看到水稻生长情况及地块边际，大大提升了验标工作的时效性和准确性，快速建立农业风险遥感数据采集分析和展示平台，为承保理赔工作提供了翔实的影像材料支撑，有力提升了农业保险的服务质量，推动农业保险更好地服务乡村振兴。

3. 洛阳建立无人机飞行队

为进一步加强农业保险科技应用，助力农业保险承保理赔工作，2022年9月，中原农业保险在洛阳成立无人机飞行队，为河南省各级机构发放无人机110台。无人机具有续航时间长、云台活动范围广、拍摄清晰度高的特点，且具有多向避障、自动预制飞行路径等功能。中原农业保险累计在河南各市县区机构配置无人机200余台，确保每个承保县区都有无人机。

二、无人机应用于种植业保险理赔定损的模式创新

（一）无人机运用于理赔环节的主要模式

农作物在生长过程中难免会遭受风、雹、涝等自然灾害的侵袭；查勘受灾的小面积农田不是一件难事，但是大面积的农田受损让农作物查勘定损工作量呈指数级增加，尤其是确定受损面积。对于高效准确地测定实际受灾面积，进行农业保险的灾害损失查勘，无人机是不错的选择。无人机搭载高清照相机和

激光雷达，通过高分辨率图像、高精度定位数据可以高效地完成受灾定损任务。通过对航拍图片进行后期处理与技术分析，对农田地块边界精确识别划分，可以更快速准确地测定实际受灾面积，进而快速准确确定受灾损失。基于无人机能够实现移动端自动化、高效率采集农业保险查勘环节图像信息，通过引入AI图像识别技术和深度学习算法快速获取并识别无人机采集的图像中地块、灾损、作物类型等，最大限度地将种植险标的现场进行数字化、自动化的重现与留存，相比常规地面人员操作，可以提升作业效率达60%左右。

无人机运用于理赔环节的流程如下：在发生自然灾害后，第一步，由保险公司派出工作人员到达受灾现场，通过无人机飞行作业得到受灾后的农田景象，评估标的实际损失，协助政府与农民开展救灾减损工作。第二步，由无人机传回相关照片，制作受灾后的底图，导出种植业保险数据库中的信息，完成损失测评。第三步，根据保险合同中的具体条件进行损失赔偿。

（二）无人机运用于理赔环节的典型案例

1. 无人机应用于河南扶沟县玉米理赔案例

中原农业保险自主研发了"I农业保险"APP，使无人机技术和智慧农业保险综合服务平台相融合。2022年9月，中原农业保险扶沟县支公司派出无人机，给玉米进行查勘定损。相较传统理赔，在无人机理赔的场景下，保险公司理赔人员只需操作无人机进行处理，报案人可以从屏幕上实时看到受损玉米的画面。使用无人机既提升了理赔效率，也减少了可能的与理赔面积、受损金额相关的纠纷，是农业保险经营技术的革新[①]。

2. 无人机应用于四川邛崃市小麦理赔案例

邛崃的水稻、小麦、玉米等三大粮食作物均可购买完全成本保险。2022年4月，连续多日降雨，外加大风来袭，邛崃市某镇一种植户出现大面积小麦倒伏受灾现象。该种植户2021年11月在中航安盟投保了小麦种植保险，农户自缴保费2548.80元，承保面积708亩，保额42.48万元。中航安盟保险公司接到报案后，为了准确地确定农户受灾面积，使用了无人机进行查勘，核实实际受灾面积247亩，赔付5.187万元。无人机查勘让理赔核查更科学精准，获

---

① 杨桂芳：《咋查勘受损农田？天上这些"眼睛"看得又快又准》，https://www.zyic.com/mediaReports/3289.jhtml。

得了农户的好评[1]。

3. 无人机应用于江苏丹阳市水稻理赔案例

农业保险使用无人机航拍，可以快速、精确地计算出实际受灾面积，从而提高灾后农业保险查勘定损的准确性，确保这项工作快速和高效运行。2022年，丹阳市某农户，机插的114亩水稻中有80亩因受淹时间长导致稻秧枯黄需要补种，蔬菜基地内的蔬菜等也大部分枯死。而全村除了损失较重的水稻需要及时补种，还有蔬菜受涝。受灾农户希望通过农业保险理赔和灾后自救将灾害损失降到最低。保险公司第一时间使用无人机航拍确定了受灾面积，并及时发放了理赔款。

4. 无人机应用于新疆某农场小麦风灾理赔案例

平安产险自建了全自动化无人机操控系统，以快速应对灾害。2020年7月，新疆某农场遭受风灾后，一架无人机飞过了倒伏的麦田，借助自动巡航，快速识别受灾面积和作物情况，仅用3小时，即完成800亩麦地查勘，快速生成估损情况分析图，确认损失及赔付，为农户挽回灾害损失，高效精准的服务受到农户好评。平安产险科技农业保险智慧云平台搭载无人机操控系统，农业保险服务人员无须具备无人机操控经验，只需打开"AI农宝"APP，即可操控无人机一键起飞、自动规划路径、自动输出查勘影像、自动识别损失情况，解决了传统模式下手动操作难、拍摄作物识别难、定损出图慢等问题[2]。

---

[1] 《科技赋能农业保险 无人机精准查勘》，http://qionglai.gov.cn/qlsgzxxw/c151112/2022-04/26/content_09c82858a9324d8a9fd114af0a4dc1f4.shtml。

[2] 《不一样的农业保险数据驱动，服务创新，科技赋能传统农险！》，https://k.sina.cn/article_6671511384_18da72f5800100qd10.html?from=tech。

第七章 人工智能技术在智慧农业保险中的应用

第一节 智慧农业保险概述

一、智慧农业保险的内涵和特点

智慧农业保险是保险科技运用于农业保险体系和制度设计的统称。在农业保险实践方面，智慧农业保险主要从保险的展业、理赔和数据整理出发，建立全流程的农业保险信息处理链，实现农户和政府、保险公司的数据资源共享，并形成合力，构建科技引领的农业保险处理体系。在科技运用方面，智慧农业保险体现为使用信息化手段将数据信息等由各传感器、智能终端汇集到数据平台上，经过量化与模型处理，转换为可用信息后再反馈至各终端的数据体系。智慧农业保险有如下特点。

（一）使用多维度的信息处理系统

多维度的信息处理系统是智慧农业保险的基础。在数据获得方面，智慧农业保险可以结合小型传感器、卫星遥感网络、物联网中的牲畜耳标等多样化智能传感器与移动终端，突破场景限制，采用多样化的手段采集整理所需数据。从标的信息到风险信息，从时间到空间，从影像到数据，建立海量农业保险数据库。在数据处理方面，信息处理系统将农业保险和农业经营的数据加以整合，可增强农业经营数据的适用性，实现农业数据和农业保险的无缝对接。在数据分析方面，多维度的信息处理系统可给农业保险的承保和理赔积攒数据，提升经验损失率的精度和准确度，使农业保险的产品定价更加准确。

（二）构建新型数据处理平台

智慧农业保险搭载的数据处理平台既包括各家保险公司自营的农业保险

APP（可以进行数据的实时上报和处理），也包括农业、林业、气象等部门基于地区的气象和灾害情况搭建的预警平台和数据平台。智慧农业保险数据平台可以通过多样终端，协同多方平台实现实时数据上传、下载、共享，促进行业内部数据的跨平台互通，提升数据使用效率。智慧农业保险数据平台给农村的特色产业发展提供了可能，一方面可以打开现有产品的销路，另一方面可以通过海量数据找到最佳的种植、养殖方式，提升农业规模经营的效率。新型数据处理平台不局限于农业保险，更着眼于农业的长期发展和农村地区的乡村产业振兴，可以给产业发展带来较大的正向外部效应。

（三）优化农业保险经营模式

智慧农业保险的优点是可对传统农业保险的经营模式加以优化，从而提升农业保险的经营效率，更好地实现农业保险的风险保障效果。智慧农业保险主要通过实时互通且内容丰富的云端数据平台、手持移动终端、智慧化标的管理、基于传感器的多维度信息采集方案来进行经营模式的改进，提高业务操作的便捷性与实用性，推动精细化运营与产品差异化打造。通过对经营模式的优化，智慧农业保险能覆盖承保、验标、防损、风险管理、理赔的全流程，缩短农业保险的响应时间，提升农业保险的经营效率，减少农业保险的人力成本。

二、智慧农业保险发展模式分析

智慧农业保险的概念从提出至今，受到了各方主体的广泛关注。在农业保险经营中，各个经营主体纷纷进行智慧农业保险的有益尝试，力图通过科技的运用给农业保险带来新的活力。除了保险公司，政府部门、高科技企业也在不同的细分领域发展智慧农业，通过智慧农业的改进推动智慧农业保险的发展；同时，以智慧农业保险带动农业的转型升级。智慧农业保险在发展的过程中形成了以下三种主要模式：保险公司主导的智慧农业保险模式、政府部门主导的智慧农业保险模式和第三方主导的"智慧农业＋智慧农业保险"模式。

（一）保险公司主导的智慧农业保险模式

1. 中煤财险河南分公司"互联网＋3S＋农业保险"模式

中煤财产保险公司开发了智慧农业保险系统，基于"互联网＋3S＋农业保险"实现了"以图管险"，在微信公众号中实现了保单信息的同步，利用无人机及遥感技术进行承保、验标、查勘和定损，从而提升展业与核赔环节的业务效率。

2. 中华财险河北分公司"标的信息综合管理"模式

中华财险河北分公司从 2019 年开始上线"标的信息综合管理"系统。该系统的亮点为基于 3S 技术，同时和人工智能、大数据等科技充分融合，建立了包含种植数据、地块数据等相关承保标的信息库，实现了标的信息综合管理，目前已经在河北小麦、玉米的种植保险业务中投入使用。

3. 阳光财险云南分公司"线上理赔＋离线理赔"模式

阳光财险云南分公司基于农户的需求深耕农业保险科技领域，将科技运用到保险的具体场景，满足了个性化保险需求。以 2021 年阳光财险在云南省昭通市开展的生猪养殖险业务为例，昭通市地处偏远山区，养殖户出险报案后，查勘员办案往往需要翻山越岭，整个过程耗时费力。对于养殖户来说，从报案、查勘再到最终结案，也需要等待较长时间。在漫长的等待中，养殖户无法对病猪及时进行消杀掩埋处理，加大了潜在的养殖风险。基于此，阳光财险推出了"线上理赔＋离线理赔"的理赔模式。线上理赔指的是养殖户在损失出现后通过微信小程序和理赔人员远程连线，完成受损标的的查勘，从而解决路途远、病猪传染的问题。离线理赔指的是阳光财险针对农户需求设计了个性化的理赔方式，针对养殖户多为中老年人，使用智能手机能力较差的问题，保险公司建立了"一帮一"名册，在每个村为留守老人指定了服务人员，帮助中老年养殖户完成理赔。

4. 阳光财险新疆分公司"智慧农业保险 APP 下农业保险服务一条龙"模式

阳光财险为农业保险业务专属研发了"向日葵农业保险"APP。该 APP 主要应用 3S、智能点数、人工智能及测长估重等技术，嵌入卫星影像底图数据，可以实现农业保险线上验标、查勘、承保、理赔的一条龙服务。此外，该 APP 还对接气象、农业生产、灾害舆情等信息，为农户提供应急的防灾减损、风险预防服务。

（二）政府部门主导的智慧农业保险模式

1. 湖北省泾阳县推出政府主导的"智慧农业保险＋"模式

湖北省泾阳县通过政府牵头、县级财政资金支持，创办了"泾阳县智慧农业保险"公众号，推进"投保线上化、保单电子化、数据共享化"等多方位建设，畅通了农业保险服务的"最后一公里"。在公众号中，有对农业保险和惠农政策的解读,帮助农户了解更多的农业保险常识;有直接的投保和理赔公众号接口,在公众号中即可完成农业保险的承保和理赔,提升农户的投保热情;还有保险公司在智慧农业保险平台中的季度理赔兑付信息,从而监督保险公司的行为,避免保险公司因资金问题出现"惜赔"和"拖赔"的现象。

2. 全国农业保险信息管理平台

第三方平台的建设也是智慧农业保险建设的关键环节,农业保险的发展不能只依靠保险公司。2015年,中国银保信农业保险平台成立,全称为"全国农业保险信息管理平台"。该平台对接28家经营农业保险业务的险企,同时引入全国2400多个站点的气象数据,建设线上气象灾害证明数据查询接口并拟定行业标准。通过农业保险GIS系统整合涉农基础数据、地块矢量数据和遥感数据等内外部数据源,向部分地区提供智能核保、长势监测、风险预警和定损评估服务。目前的全国农业保险信息管理平台包括以下四个系统:①农业保险平台系统。该系统是全国农业保险业务及数据的综合管理平台,用于平台运营管理、保险机构以及监管机构。②投保公示系统。在该系统农户可以查询投保环节公示信息,并可直接反馈公示异议,仅支持开展农业保险电子化服务的地区使用。③查询公示系统。该系统可以查询农户农业保险承保理赔信息以及由平台统一制作的电子保批单、分户凭证等电子凭证。④电子单证验真系统。该系统验证农业保险平台统一制作的农业保险相关电子凭证真伪,仅支持由农业保险平台制作电子凭证的地区使用。

(三) 第三方主导的"智慧农业+智慧农业保险"模式

1. 数字孪生可视化智慧农业解决方案

通过ThingJS-X零代码数字孪生可视化平台打造的智慧农业运营管理系统,以"一平台三中心"为架构,可助力农业园区实现信息聚合、数字建模、三维映射,搭建一个智能化数字空间,依托数据治理、知识图谱、轻量建模技术,提升农业生产运营管理效率。系统实现了面向农业管理的物理实体和业务逻辑层面的全面融合连接,打造了动态感知、协同高效、可视交互的现代智慧农业运营管理新方式。该方案整合了各类业务信息系统的数据资源,建立智慧农业数据资源池;可即时掌握农业生产运营动态,看见相应的信息进行决策管理;可实时监测农业设施设备的状态和效益,完成农业设施和设备的精细化管理。目前,数字孪生可视化平台已经应用于农业园区可视化、环境监测可视化、农田产量可视化和土壤监测可视化。

将数字孪生可视化智慧农业解决方案和农业保险融合,可以实时掌握保险标的的长势信息、风险状况和理赔信息,减少农业保险中的道德风险问题。对于种植和养殖规模较大的新型农业经营主体来说,该方案可以降低农业保险的保障成本,打造全新科技理念,创造农业经营新模式,一举多得。

2. 墨迹赤必打造的"智慧农业气象灾害系统"

墨迹赤必是墨迹天气旗下企业端产品品牌,创立于 2016 年。墨迹赤必通过对气象数据、气象咨询和气象服务的深度挖掘,为企业端客户提供企业级软件产品服务、定制化行业气象解决方案。在农业保险领域,该系统通过进行气象大数据分析,实现覆盖全国各地特色作物的农业大数据交互式多位信息展示,通过精准的气象数据和综合分析,帮助配合农户进行防灾减损,同时给保险公司在产品定制方面提供帮助,以"气象+"赋能农业保险服务行业。

因极端天气给保险公司带来的理赔金额在持续上升。通过精准的气象信息服务可以提前预测天气变化,对农业进行预警,同时对农业保险赔付进行风控。目前,该系统可实现气象大数据以及覆盖全国各地特色作物的农业大数据交互式多维信息展示,提供天气实况、气象预报信息及日照时数和旱涝指数等气象数据。同时,还可实现冷热害、旱涝等多种灾害天气的历史气象信息查询、统计分析,甚至能够根据客户需求个性化定制关注的灾害天气种类和属性,获取不同作物的分布信息及农业气象灾情数据。

通过比较智慧农业保险的不同模式,可以发现它们的不同特点、应用场景与主要特点,如表 7-1 所示。

表 7-1 智慧农业保险模式对比

模式	保险公司主导模式	政府部门主导模式	第三方主导模式
适用范围	保险险种创新领域	农村特色产业发展	农业保险科学技术的应用与推广
主要特色	保险经营全流程改进	方法创新与平台建设	前沿科技运用
科技运用	遥感、人工智能	区块链、智慧农业	数字孪生、物联网
不足	存在一定的恶性竞争	无法调动各方主体	与农业保险衔接不足

第二节 人工智能技术在智慧农业保险中的应用分析

一、人工智能技术及应用场景

人工智能（Artificial Intelligence，AI）的目的是探究人类智能的真相，开发出具有和人类一样思维逻辑的智能机器，并使之胜任需要人脑分析才能完成的高级作业。人工智能的定义可以分为两部分，即"人工"和"智能"，重点是智能，智能涉及意识、自我、思维等问题。人工智能的研究往往涉及对人的智能本身的研究。人工智能的研究非常丰富，在农业保险场景的主要应用包括以下三种。

（一）专家系统

专家系统是目前人工智能领域最受关注、研究最为丰富的领域，既是"知识库"，又是"推理机"，可以基于大量的知识数据对问题进行分析，并通过"脑机"分析得出人类专家水平的推理结论或解决方案。专家系统的工作流程如下：第一步，吸收专业领域的知识，通过深度学习获得和建构基本的智能逻辑。第二步，优化学习参数模型，通过数据提炼的方法求解复杂的问题。专家系统应用于农业保险的主要机制是，收集承保端和理赔端的先验数据，分析不同用户的不同行为，从而为人工智能运用打下良好的基础。同时，使用专家系统可以对用户精准画像，获得投保需求，从而为客户定制个性化保险产品。

（二）模式识别

模式识别是指用统计模式、结构模式、模糊模式与神经网络学习等计算机方法识别带有样本特征的多种形式信息，再将样本划入对应分类的过程。模式识别中包括具体识别，指对语音、图像、照片、文字、符号等具体模式样本进行识别。模式识别中也包括抽象识别，指对思想、意识、言论等抽象样本进行识别，属概念识别范畴。农业保险中的科技运用体现为模式识别部分，主要体现为使用人工智能技术对动物面部进行识别，如"牛脸识别""猪脸识别"技术，从而完成农业保险中的验标环节，减少在承保环节存在的道德风险。

（三）数据挖掘

人工智能中的数据挖掘是指利用模型在海量数据库中发现并提取价值数据的过程，数据形式多样，文本、图片等都可作为挖掘对象。在农业保险中，数据挖掘是适用的。在承保端，保险公司使用深度学习工具对用户的投保行为进行分析，更好地完成承保和验标工作。在理赔端，数据挖掘的主要应用是对异常理赔行为的分析，在海量的数据库可以挖掘到异常的理赔行为，从而减少虚构的保险事故和虚增的保险标的。

二、人工智能应用于农业保险的实践探索

（一）人工智能应用于农业保险承保

在承保环节，人工智能的应用十分广泛，主要体现在人工智能应用于保险产品定价、人工智能应用于保险销售、人工智能应用于预测分析和人工智能应用于承保验标四个方面。

1. 人工智能应用于保险产品定价

保险业的人工智能使企业更容易根据客户的需求定制保险责任和费率。人工智能保险服务站在客户期望和新兴技术能力的结合点，为客户提供个性化的解决方案、量身定制的建议和全天候服务。所有行业的互联互通使数字化成熟的保险公司能够设计出更好的评估方法。计算机视觉技术与物联网数据相结合，可以帮助保险公司在承保时仔细记录资产状态，并保持近乎实时的调整。在农业保险的产品定价环节，通过人工智能的运用有利于精准分析并满足客户的差异化保险需求，科学定制个性化的农业保险产品。通过先进的专有平台，可以在客户和保险公司之间建立连接，为客户提供差异化的体验、功能和服务。在农业保险的细分市场，独特的保险产品能够提高利润率，实现差异化。同时，针对指数保险、完全成本保险等保险创新，人工智能有利于提升保险产品的品质。根据使用情况和动态且丰富的数据风险评估，消费者可获得实时定价，并在了解行为如何影响保障范围、风险可保性和保费定价的情况下做出科学决策。

2. 人工智能应用于保险销售

在充分收集个人信息的基础上，使用人工智能算法可以了解风险概况，从

而将投保时间缩短为几分钟甚至几秒钟。随着人工智能技术向农业保险领域的渗透，保险销售的方法也出现了革新，定制化的保险需求在人工智能的场景下更容易实现。

在保险合同订立环节，智能合约将通过客户的财务账户即时授权支付，降低保险合同订立的难度和复杂性，有利于提升保单的转化率。新的科技不断为人工智能的认知模型提供足够信息和可用数据，保险公司可因此定制更加具有针对性的保险费率，企业客户购买保险也同样会变得更加方便。

在保险中介环节，目前的保险销售更多地需要借助保险代理人和保险经纪人，特别是在人身保险领域。农业保险中的销售除了传统意义上的公司员工，还借助了大量的基层服务人员和乡村金融服务站。为了提高农业保险的生产率，降低销售环节的人工成本，人工智能技术开始陆续替代人工的角色。人工智能机器人帮助农业保险的客户找到适合的保险产品，进行虚拟沟通和实际沟通，从而更好地完成农业风险管理。

3. 人工智能应用于预测分析

数据量的增加及获取难度的降低，为预测模型的建立提供了保障。传统精算技术碰上大数据，撞出了许多火花，预测模型也越来越多地为精算师所使用。预测分析指的是挖掘、模拟和分析复杂数据，在新出现的赔偿责任升级之前尽早识别它们，并预测可能会出现新威胁的领域。通过预测分析可以提高对大规模事件和快速变化的市场条件的响应能力。与传统精算方式相比，采用预测模型有如下优势：通过预测分析可以消除保险变量间在计算过程中的偏差。预测分析除了得到平均值，还可以得到数据的变动规模和方法。同时，使用预测分析有利于实现损失的预估和风险因素的管理。

预测分析是保险精算领域为了应对保险科技而产生的新的分析方法。传统的精算技术强调先验数据而忽视未来损失分析，因为数据的缺失，无法建立未来的损失估测模型。而在人工智能和新科技井喷的情形下，预测分析得以实现。预测分析一方面关注过往的理赔数据对现实损失的影响；另一方面关注气象信息、农户行为、价格波动等可能影响损失的实时数据，借助损失模型对可能的理赔进行预测，从而帮助保险公司实现风险管理和理赔管理，也帮助农户进行灾害预防。在农业保险领域，人工智能应用于预测分析的重点有以下几个方面：一是侧重气象数据和农业保险的联动，帮助农户预测灾害事故；二是通过特定的模型，对某一地区某年可能的理赔数据和损失数据进行预测，帮助保险公司合理规划资金的归集处理，也帮助农业保险决策者改进下一年度的险种设计、保险金额和承保范围。

4. 人工智能应用于承保验标

人工智能应用于承保环节，主要体现在三个方面：一是使用生物面部识别技术代替传统的耳标，实现标记保险标的的目的，例如"牛脸识别""猪脸识别"技术已经广泛应用于养殖业保险，降低了养殖户用非保险标的代替保险标的的道德风险。二是在核保的过程中使用"核保机器人"代替人工核保。核保环节是农业保险经营中的关键环节，涉及保险标的风险状况评估和承保决策制定。通过核保环节，保险公司可以做出正常承保、加费承保和拒绝承保等不同决定。使用人工智能核保目前的准确率在95%以上，几乎可以替代传统的人工核保，提升农业保险经营的科技含量。三是使用人工智能实现承保场景的多样化，例如使用微信线上核保代替现场核保，使用人工智能对保险标的进行智能化分析，从而更准确地完成承保工作。

（二）人工智能应用于农业保险理赔

1. 人工智能可缩短理赔时间

在理赔阶段，应用科技可以减少农户从事故发生到保险报案的时间。农业生产经营具有地域分散的特点，传统农业保险中，从农户报案到保险公司受理赔案需要较长的时间。农户如果是留守老人，可能因为无法较好地使用智能手机和现代化的报案系统而影响索赔报案的及时性。人工智能设计可以帮助老年人通过语音的方式进行农业保险报案，通过AI客服缩短从事故发生到保险公司理赔时间，不仅帮助农户第一时间申请报案，也有利于保险公司掌握事故现场的第一手数据。

在受理赔案阶段，使用高级算法能够确定初始理赔的处理路径，从而提高效率和准确度，帮助保险的理赔基本实现自动化，完成保险理赔直通式处理。使用人工智能，通过语音和文字来处理大多数保单持有人的互动信息，从而与理赔、医疗服务、保单以及维修等各系统对接。在应用人工智能的条件下，理赔的结案时间不再以天或周计，而是以分钟计。受理赔案的过程中，保险公司已经开发出来智能理赔机器人代替传统的人工，从而减少理赔的环节，缩短从受理赔案到发放理赔款的时间。

人工智能应用于理赔也有其局限性。大部分的理赔工作将通过人工智能完成，而仅有的人工操作主要集中在以下方面：复杂特殊案件的理赔；存在争议，须利用分析和数据洞察进行人工互动和协商的理赔；因新技术造成的与系统问题和风险相关的理赔；旨在确保对算法决策充分监督而对理赔案件进行的随机人工抽查。

2. 人工智能可促进理赔方式改进

在索赔阶段，物联网传感器和数据捕捉技术组合，将基本取代传统的人工报案方式。损失发生之后，理赔分类流程和维修服务将会被自动开启。比如，在新型农业主体经营的规模较大的家庭农场，有实时画面监控，当风险事故发生时，可以触发物联网传感器实时上传到保险公司的在线系统。物联网设备的使用会越来越多，比如监控水位、温度和其他关键风险因素的设备，这些设备能够在风险出现之前预先警示农户和保险公司。通过物联网传感器，农户无须报案，保险公司就能自动抓取关于损失的实时画面，从而在一定程度上减少偏远地区的查勘定损工作。目前，物联网传感器还不能在所有的农业保险中普及，一方面受限于成本和收益，另一方面和具体的险种也有关系。相对而言，养殖业保险更适合将该项技术应用到实际业务中，而种植业保险需要借助其他工具实现报案索赔。

在理赔阶段，人工智能的应用更加广泛。通过人工智能可以很方便地识别保险欺诈。传统的农业保险理赔工作重点是判断是否存在骗保骗赔、虚报损失面积和损失金额的情况。由于欺诈行为带来的保险赔款，经粗略统计占到全部保险理赔金额的20%左右，这不仅不利于农业保险的开展，也对遵纪守法的农户不公平，并损害广大投保农户利益。人工智能可以通过农户的个人行为分析、轨迹分析、报案时间、事故发生时间等内容展开综合研判，合理推断是否存在虚假理赔的情况。同时，使用人工智能对往年的理赔数据和受灾数据进行综合评析，也可以对保险欺诈行为进行精准识别，如果农户申报的受灾面积明显和其他年份有差别，或者该农户的成灾比例和附近其他农户有明显区别，都可以作为保险不诚信行为的外在体现。保险公司在发现这些预警信息后，可以进一步展开查勘定损，结合无人机技术、遥感技术和现场查勘，杜绝保险欺诈情况的发生。

理赔机器人的应用。智能理赔机器人是人工智能技术应用于保险的最主要的形式之一。现在，保险公司的理赔处理需要多人员、跨系统来操作。保险公司的理赔专员会在系统中收到客户的理赔表单。保险专员将理赔按照时间顺序逐份进行处理。每个保险专员将会收到20个或更多的积压无法处理的理赔请求。保险理赔专员每天要重复处理很多这样的业务，理赔表单不断地积压，很难保证时效，员工及用户都会出现不稳定情绪。使用理赔机器人可以轻松整合来自多个来源的索赔信息。机器人可以自动完成数据信息提取、多个数据分析对比和理赔验证等流程，当机器人无法确定当前数据的内容时，它会记录情况,并告知人工处理。对比人工和智能理赔机器人,人工每单需要花费 20~30 分钟,机器人仅需 3~4 分钟。

(三)人工智能应用于风险管理

1. 日常风险管理

日常风险管理是指在保险经营中融入人工智能元素,例如使用无人机和遥感完成土地信息的测量,目前该测量的精度不超过 1 米,精确度较高;通过遥感卫星对农作物的长势进行实时监控,及时确定灾害损失实际情况,减少农业保险经营中的道德风险;建立算法模型和采集风险数据,设立风险灾害预警系统,一旦数据值超过阈值后,报警系统触发,农户和保险公司都可以实时接收信息,做好日常风险管理,尽快消除风险因素,杜绝风险事故。

日常风险管理有利于农业保险的健康运行。将人工智能应用到农业保险的日常风险管理,可以减少在保险过程中的风险因素,帮助农户预防可能的风险事故,实现农业经营的效益最大化;也有利于保险公司"花小钱办大事",增加日常风险管理的支出,减少可能的保险理赔支出,提升保险公司经营农业保险的积极性。

2. 农业巨灾风险管理

农业巨灾风险管理不仅是保险公司面临的难题,也是农户和政府的共同任务。现有的农业巨灾风险管理分为两种:一种是商业性险种,由保险公司进行理赔,同时保险条款设计中包含理赔的上限,超过的部分将由农户自己承担。另一种是政策性险种,由保险公司和政府共同进行巨灾风险管理,使用巨灾风险分散体系、农业保险再保险、巨灾分散基金的形式,多方主体共同对巨灾损失进行资金支持,从而尽可能减少农户因灾返贫。

将人工智能应用于巨灾风险管理,要尽早预测风险趋势,提前做好预防工作以减少损失。一是建立巨灾模型,融合理赔数据、灾害数据在内的巨灾频率、巨灾损失模型,比传统的巨灾风险管理方式更科学,可减少事故发生的频率。二是创新巨灾风险证券化机制,通过市场对冲风险的方式处理巨灾风险。巨灾风险证券化指的是将可能的巨灾风险打包成巨灾关联债券在资本市场上销售,为高风险偏好的投资者提供多样化的投资选择,使用人工智能技术对巨灾关联债券进行实时定价,从而以最小的成本实现更好的巨灾风险管理效果。

3. 损失管理

损失管理指的是在灾害发生的情况下，触发智能农业保险的灾害监控体系进行灾情响应。人工智能在损失管理的过程中可以发挥重要的作用。在损失抑制阶段，危险性较高的风险事故中，可以使用传感器取代人工作业，对灾情进行跨越空间的多维度信息采集，实现对灾情的远程实时掌握，帮助制订合理切合的救灾计划，遏制灾害蔓延并及时止损。在灾后重建阶段，可以通过人工智能实现对受损标的重建过程的模拟，使用科技手段帮助受损标的完成灾后的恢复和重建。在农业保险当中，该技术的主要应用是农房保险和农机保险。

第三节　推动智慧农业保险发展的对策建议

智慧农业保险的理念在目前的农业保险研究中属于新兴理论，因此在本节主要探讨如何推动智慧农业保险的发展，怎样通过科技促进农业保险发展和农业技术进步。

一、加快技术研发，丰富智慧农业保险的科技内涵

智慧农业保险，核心在于智慧，将新的科技应用于农业保险，从而实现良好的经营和管理。目前应用于智慧农业保险的保险科技主要有人工智能、区块链、物联网等。

在人工智能方面，建议推动行业算法创新，引入密集型交叉卷积网络，改进现有的预测模型、损失模型和保险定价模型的精度，从而使目前的保险服务提供者从以人为主转向以人工智能为主，只有人工智能无法处理的问题才由人来解决。农业保险中的生物面部识别技术已经得到了广泛的应用，但是在种植业保险的核保和核赔方面运用较少，未来的发展重点应该是将人工智能运用于种植业保险。

在区块链方面，重点是突破现有的网络技术，探索新技术，提升网络的并行处理能力，拓展区块链的落地应用场景。区块链技术不仅可以应用于智慧农业保险，而且有利于打通现代农业从生产到销售的全产业链，推动农业产业的升级和特色农业产业发展。建议通过区块链构建智慧农业产业链，实现农业生产全流程的可视化和科学管理，打造品质特色农产品。建议在未来打通农业经营和农业保险，实现现代农业更好发展。

在物联网方面,建议尝试"保险+科技+服务"的融合发展新模式,实现保险与产业服务的多主体联动,推动保险与产业升级的协同发展。保险公司应该从自身目标出发,厘清应以何种方式参与物联网生态系统。保险公司需要开展试点和概念验证(POC)项目,了解在基于数据或物联网的生态系统中自己应扮演何种角色。建议将物联网运用于渔业保险中,铺设水产养殖物联网设备,涵盖从地面到水下多个维度的观测,并配套手机端养殖服务小程序,让养殖户更快捷地了解数据。

二、加快保险创新,创建智慧农业保险的生态系统

保险创新的底层逻辑是探索农业保险的新险种、提供农业保险的新服务。保险创新的目的是实现农业产业的高质量发展和乡村振兴目标。智慧农业保险的构筑理念是打造一个可以帮助参保农户实现农业风险管理、支持保险机构实现业务提升与创新的信息数据枢纽平台。在保险创新的过程中,第一要加强险种创新。基于现有的科技,保险公司推出了"保险+期货""保险+科技"等一系列创新型农业保险险种,但是目前险种创新的力度明显不够。传统的农业保险还面临保险金额不足的问题,这一问题可以通过指数保险、完全成本保险、价格指数保险等险种创新解决。第二要加强服务创新。科技应用于保险服务创新,应该在农业保险中加快布局智能承保机器人和智能理赔机器人,将AI客服应用于承保和理赔环节。第三要加强战略创新。保险公司应该组建自己的风险投资部门,收购有潜力的保险技术企业,以及与业内领先的研究机构建立合作关系。保险企业应当根据未来涉足的领域形成自己的战略观点,找到适合自身组织特点的战略路径。

三、建设数据平台,扩展智慧农业保险的适用场景

数据共享和数据整合是智慧农业保险得以实现的根本,如果能够通过不同来源获取海量数据,那么大多数人工智能技术都会表现得更好。因此,保险企业必须制定结构完善且切实可行的内部和外部数据战略。从事农业保险的保险公司一方面要建立自己公司的数据库,并对数据库进行维护;另一方面,保险公司也要在全行业完成数据整合,形成行业数据库,给未来的损失预测和风险分析打好基础。

从保险科技发展实例来看,需要建立完善的数据平台和数据汇集体系,不

仅要将农业保险数据进行整合和梳理，还要将所有涉农信息上传到该平台当中。目前我国已经建立了银保信旗下的全国性的保险信息平台，部分省份也建立了基于本省数据的农业保险平台，但是现有的平台中涉农数据不足，和农业相关的金融信息、国土资源信息并不完善，无法支撑起智慧农业保险下对数据透明性和完整性的要求。这就需要监管部门、保险公司多方努力，整合现有的农业保险信息平台，构建一个行业统一使用的数据平台，从而更好地实现智慧农业保险中的智慧承保、智慧查勘、智慧理赔，扩展科技在农业和农业保险中的适用场景，为智慧农业保险体系的业务运营与创新提供数据支持。更进一步，经营农业保险的保险公司应该制定公司的数据战略，例如可以收购数据资产和数据提供商，或获得数据来源的授权，以及利用数据 API（应用程序接口）与数据经纪商合作。

四、完善监管措施，推行智慧农业保险的支持政策

第一，应该明确智慧农业保险的监管主体，由主体监管部门推动相应的政策措施，使智慧农业保险更好地发展。银保监会、农业农村部、科技部都有智慧农业保险的监管权限，应尽快明确哪一个监管主体是智慧农业保险的核心监管机构，同时探索不同监管部门共同监管的创新型监管方式，以政策支持的形式拓展智慧农业保险的深度和广度。

第二，建议针对智慧农业保险推出指导性政策建议，给保险公司、科技公司吃下"定心丸"。现有的利好保险科技的政策较为分散，建议推出类似于《农业保险条例》的"智慧农业保险发展规划"，明确监管部门对智慧农业保险的支持，给科技创新提供对应的政策支持和知识产权保护，从而使保险科技创新走上新的快车道。

第三，重视智慧农业保险中的新兴风险管理。新的风险伴随着新的技术而出现，相较传统的农业保险，在智慧农业保险中信息泄露的风险明显增加。保险公司在使用新技术的过程中还可能面临竞争对手通过黑客入侵智慧农业保险系统的风险。因此，在智慧农业保险中要注意新兴风险的管理。对于保险机构而言，应当在创新业务与传统业务之间构建防火墙，实现风险有效隔离，并在墙内针对新技术制定详细的操作规范，最大限度地降低保险机构的运营风险。对于技术风险，应当梳理智慧农业保险生态中各主体的边界，明确数据与功能的同步操作范围，同时完善数据与系统使用的安全规范。

第四，加强智慧农业保险中的消费者保护机制，避免矫枉过正。通过智慧

农业保险可以灵敏地识别农业保险承保与理赔过程中的道德风险和欺诈行为，但是，保险公司在识别的过程中要注意在机器识别触发预警后，一定要进行人工核实，避免系统原因导致诚信的投保人无法得到应得的保险赔偿。加强消费者保护机制，需要保险公司在经营的过程中不断收集承保数据、理赔数据、气象数据，不断完善算法和推演模式，提升保险欺诈预警系统的精确性。

第八章 区域划分技术在森林保险中的应用

第一节 森林保险概述

一、森林保险的概念、种类和主要特点

（一）森林保险的概念

森林保险是农业保险的一个重要分支，以林木遭受的实际损害为保险责任，覆盖森林遭受的损失，当约定的保险事故发生时，由保险公司进行赔付。森林的功能显而易见，可以防风固沙、涵养水源、保育土壤等，但是对于特定的灾害比如火灾和虫灾，森林的抗风险能力较差。同时，森林的生长周期长，受灾害影响较大，灾后重建的资金需求较高。因此，森林保险是保护森林资源、减轻灾害损失、保障政府和农户利益的长效机制。同时，森林保险也面临着查勘定损难度大、保险验标和核损存在一定难度的问题，亟须将科技手段引入森林保险当中。

（二）森林保险的种类

森林保险种类有不同的划分标准。一方面可以依据森林的种类来进行森林保险种类的划分，例如依照森林主要发挥的作用，可划分为公益林保险和商品林保险；依照森林树种，可划分为落叶松保险、马尾松保险、珊瑚树保险等；依照培育森林的主要目的，可划分为防护林保险、经济林保险等。另一方面森林保险的种类也可以根据保险责任和保险期限来划分，例如依照预防灾害的类别，可划分为森林火灾保险、森林鼠害保险、森林病虫害保险、森林雷击险、森林雹灾险、森林冻灾险等；根据保险期限的长短，森林保险可划分为长期保险和短期保险。森林保险的承保险种根据森林的性质而有所差异，对公益林主要是承保综合险种，主要保险责任是森林自身可能的损失；对商品林，保险公

司在森林综合险的基础上进行创新，以提供风险保障。

(三) 森林保险的主要特点

1. 森林保险的风险状况复杂，存在较多的不确定性

森林灾害的成因复杂，灾害情况复杂，同时灾害可能造成的后果也比较复杂。森林保险的风险复杂性给承保带来了一定的困难，也使得森林保险无法制定统一的费率条款和保险责任条款。首先，森林风险非常集中，而且风险同质性较高。一旦发生火灾事故，受损的标的面积非常大，成片的林木将损毁，损失的金额较高。这一特点决定了森林保险在保险条款设计、免赔额设计和再保险安排上需要付出更多的精力。其次，森林保险在同一地区不同区域间的风险不独立。在不同的地形特点下，同一地区不同区域间的森林有可能出现风险不独立的情况，受地理环境、气象条件的影响，冻灾、虫灾、火灾等常见事故有可能在较大范围内的林场同时出现，互相波及。这不仅给保险公司的理赔带来较大压力，也使得森林保险的保险费率出现强烈的地域性和关联性，传统的依据损失率进行产品定价的定价策略不再适用。再次，森林保险的赔付率受自然因素影响较大，非自然事故也可能受到自然因素的影响。气象环境和气象数据对森林是否出现灾害事故有决定性影响，例如，在干燥少雨的情况下，森林出现火灾的概率会大幅增加，一旦出现火灾将难以扑灭。典型案例是 2022 年夏季，重庆的高温干旱天气导致北碚山火，扑灭难度大，波及面积广泛。最后，不同地区间林业风险的差别巨大，其他地区的森林保险对本地区的森林保险借鉴和参考价值不足，给森林保险的费率厘定带来了困难。我国地大物博，不同地区的气候条件、地理环境存在较大差异，在森林保险的承保方面，难以将经验和模式进行简单复制，给提升森林的保险覆盖率带来了一定困难。

2. 森林保险理赔定损难度大，科技的介入能提高效率

在森林保险的实际经营中，经常出现鉴定难、理赔难的问题。主要的难题有两个方面：一方面是标的受损程度的确定。同一次事故中不同林木的受损程度各有差异，而且相同程度的受损给不同种类造成的经济影响也不同，因此需要大量查勘定损的时间。传统森林保险中查勘定损效率低，影响了林业的正常生产，导致民众对森林保险印象较差，参保意愿低。因此需要遥感卫星、无人机等科技的介入来提升森林保险的经营效率。另一方面是保险公司自身处理林业风险的能力较低，缺乏专业的人士对森林的灾害进行鉴定和定损，需要林业部门的支持和配合。如果能够引入人工智能技术，从卫星遥感图像对受损情况

进行智能分析，从而出具合理的理赔结论，将极大地减少保险公司的理赔成本，提高各方主体在森林保险中的满意度。

3. 森林保险的费率厘定较为复杂，精算基础薄弱

传统的农业保险定价以损失率为基础，通过近几年的经验损失率，结合气象条件和自然环境，保险公司和政府部门进行讨论协商得出，属于以精算为基础，结合实际情况进行费率厘定。森林保险的特殊性决定了森林保险的费率厘定较为复杂，主要基于三个原因：第一，森林保险的承保主体多为政府部门和国有林场，具有比较高的定价话语权，保险公司在森林保险定价中也不具备排他性，可能出现多家公司竞争且报价低者获得经营权的情况。第二，森林容易受到火灾、虫灾、冻灾等自然灾害的破坏，出险概率较大，而森林相较其他农业保险标的投保面积大，保险金额较高，不容易厘定出合理的费率。第三，不同地区的林地类型、气象人文条件不同，同样灾害下的损失程度和损失水平不一样，因此在费率厘定的过程中要做到因地制宜，建立风险区域划分，设定差别费率。森林保险过往的经营数据缺乏，不同地区的数据也存在差异。部分地区有丰富的森林保险经营经验和气象数据，可以进行合理的定价；然而部分地区森林保险数据缺乏，难以有合理的定价依据。

4. 政策性险种和商业性险种并存，助农效果有待进一步提升

在农业保险中，区分政策性险种和商业性险种的依据是政府是否对保费进行财政补贴。商业性险种中，保费完全由投保人自己承担；政策性险种中，由政府对保费的一定比例提供财政补贴。通过对保费进行补贴可以放大财政资金的杠杆效应，同时也可以尽可能调动更多的社会资金。在森林保险中，大部分险种带有政策性，由各级财政提供一定的补贴。但是现有森林保险的助农效果有待进一步提升，主要体现在以下三个方面：一是森林保险的经营持续性较差，存在保险公司因为森林保险的理赔金额过高，保险公司无法承担，下一年不再继续承保的现象。二是森林保险的承保面积大，费率不高，保险金额相比于实际价值偏低，无法覆盖发生保险事故后的灾后重建费用。一旦提高保险金额将提升保险费率，从而导致需要缴纳的保费过多，消费者的投保意愿降低。三是部分地方政府的财政实力不足，虽然有意愿提供财政补贴，但是市级和县级财政资金有限，无法给森林保险提供有力支持，从而导致商业林的投保率偏低。森林保险的这一特点决定了保险险种的设计和保险的运行有较大的提升空间，未来在保费设计、条款拟定、运行机制方面应该进行更好的设计。

二、森林保险的理论基础

（一）定价基础：大数法则和中心极限定理

大数法则和中心极限定理是保险的数理基础。大数法则的原理是，伴随着标的数量的增加，最终的损失情况会和预期的损失情况无限接近。保险得以运行的数理基础是大数法则，保险公司可以通过大数法则实现大量风险标的的集合。在森林保险中，大数法则同样适用，森林保险的经营需要有足够的风险标的数目，才能保证险种的运行。森林保险的产品定价内在逻辑是，由投保地区的过往损失率和损失情况推断预期损失率，并在此基础上进行费率厘定。如果有数量充足的投保个体，那么森林保险每年的理赔金额和收取保费金额接近，森林保险可以持续经营。大数法则应用于森林保险的主要矛盾是森林保险的投保方式。对国有林场来说，单一被保险主体规模大，往往保费单独设计，保险条款单独拟定，大数法则的"大数"不好实现。对商品林来说，大数法则具备更好的适用性，可以在一个地区组织较多的投保个体加入森林保险中，以确保理赔数据的可控性。但是，相比于其他农业保险的险种，森林保险受单一风险事故的影响较大，自然灾害存在不确定性，因此在产品定价的过程中，除了大数法则，还要充分考虑巨灾风险的分散这一任务。

中心极限定理也是农业保险的数理基础。中心极限定理是指不管群体的损失最初呈现怎样的特点，只要风险标的数量足够多，群体的损失分布将无限趋近于正态分布。中心极限定理的主要意义是判断平均损失和损失的方差，从而为保险公司的定价提供依据。在森林保险中，中心极限定理的运用体现为帮助经营森林保险的保险公司对当年的损失数据做出合理估计，从而提高公司经营的稳定性。

（二）经济学基础：外部效应

外部效应指的是市场主体从事的某项经济行为给他人或社会带来效应，如果带来的是正向效用，比如提高了他人收益或改善了他人的生活水平，这就是产生了正外部性。如果带来的是负向效用，使他人利益受到损害而自己不用承担任何责任，则产生了负外部性。森林保险可以产生较好的正外部性，主要体现在以下几个方面：第一，通过森林保险可以化解社会面临的风险，减少发生大型事故后的重建费用。保险机制的设计是通过小额的保费支出替代可能的大额理赔，从财务上对风险事故做出合理安排。第二，通过森林保险可以改进森林管理机制，提高森林抵御风险和灾难的能力。森林保险将使用科技的手段，提前对可能的风险做出判断，从而预防灾害事故的发生。第三，通过森林保险可以提升地区的产业发展水平，推进乡村振兴和共同富裕目标的实现。以林果保险为例，保险的外部效应是给地区产业发展提供合理保障，防止农户因灾返贫，平滑不同年份的收入。

（三）风险划分和分级费率

风险划分和分级费率是在财产保险的产品定价中经常采用的策略。风险划分指的是依据森林生长过程中的准周期性规律对不同森林的风险进行等级划分。在森林保险的风险划分中，可以以险种为依据进行风险划分，也可以以地区为依据进行风险划分，还可以以灾害事故的类别为依据进行风险划分。实现了风险划分后，下一步是根据不同的森林灾害等级确定分级费率。以零到某区域可能发生森林灾害最高等级的概率为依据进行森林保险风险区域划分，对应不同风险制定高、中、低档的分级费率。在风险划分和分级费率的制定中要考虑灾因分析，主要包括林区气象条件、灾后损失情况等因素。

三、我国目前森林保险的典型模式分析

（一）珠海市"都市生态修复＋林长制"结合的森林保险模式

从 2021 年开始，珠海市制定了本土林业治理模式，一共落实市、区、镇、村四级林长 981 名，监管员 194 名。通过林长制的推动，截至 2022 年 11 月，珠海市造林与生态修复总任务 16500 亩已完成 19543 亩，完成率 118.44％。林长制可以推动对动物栖息地的修复。2021 年以来，珠海市已经对黑脸琵鹭、黑嘴鸥等保护动物栖息地开展生态修复，收容救助野生动物 260 只（头）。林长制推行后，珠海 1631 株在册古树名木、27 个古树群的保护都压实了责任，做到了"人人护古树、保护常态化"。同时，珠海市对全市生态公益林实行区域统保，商品林实行自愿投保。目前的政策性森林保险已覆盖 62 万亩林地，占珠海林地面积的 91％，总保险金额在 6 亿元以上，给都市生态修复和环境保护提供了必要的支持和保障。

(二) 四川省森林保险无赔款优待模式

无赔款优待指保险公司对上一保险周期内无赔款的投保人进行一定程度的费率优惠，以引导客户主动控制风险的保险激励政策。无赔款优待更多地出现在机动车辆保险中，如果当年没有发生机动车辆保险的理赔，那么下一年度的保费将明显下降。无赔款优待可以鼓励被保险人更好地进行自我风险管理和小额风险自留。四川省将无赔款优待引入了森林保险。四川省曾于2012年至2014年在森林保险试点无赔付优待政策，因国家政策调整，于2014年3月取消了该政策。2020年以来，根据财政部、国家林草局等四部门《关于加快农业保险高质量发展的指导意见》（财金〔2019〕102号）的要求，四川省制定了《四川省森林保险无赔款优待试点方案》。该方案创新提出了以小班为认定单位的政策，即当投保林地发生灾害时，若投保人投保面积大于1个小班，未受灾的小班仍可以在续保时享受到无赔付优待。新方案增强了惠农力度，扩大了惠农范围，使经营大户、林场等参保面积较大的投保人也能享受无赔款优待政策优惠。

(三) 福建省、山西省"碳汇+保险"创新模式

"碳汇贷"银行贷款型森林火灾保险。2022年3月，中国人保与福建南平市顺昌县国有林场签下全国首单"碳汇贷"银行贷款型森林火灾保险，为碳汇林提供2100万元风险保障。"碳汇贷"以林业碳汇为质押物，这一保险项目是全国首例以远期碳汇产品为标的物的约定回购融资项目。林业碳汇属于新生事物，签发周期长，生态价值实现难，因此人保财险、兴业银行和海峡股权交易中心开创了"林业碳汇质押+远期碳汇融资+林业保险"的绿色金融新模式，将森林保险与碳汇质押、碳汇融资进行有机融合，把碳排放权转化为经济价值，为生态产品价值实现提供了新路径。

"碳汇保"商业性林业碳汇价格保险。2022年5月，中国人保与福建南平市顺昌县国有林场签订了全国首单"碳汇保"商业性林业碳汇价格保险，为南平市顺昌县国有林场提供林业碳汇价格损失风险保障。在保险期间内，当市场林业碳汇项目价格波动造成保险碳汇的实际价格低于目标价格时，按照合同约定进行赔偿。承保的林业碳汇项目面积达6.9万亩，总减排量可达25.7万吨。该产品和传统的森林保险的主要区别是保险标的不同，保险责任不同。传统森林保险的保险责任是森林本身的损失，而林业碳汇价格保险的保险责任是碳汇林的价值下降和碳汇交易金额的波动。林业碳汇价格保险有利于从保险的角度

提升碳汇林种植企业经营森林积极性，提高森林固碳能力，助力我国碳达峰和碳中和目标的实现。

森林碳汇遥感指数保险。2022年11月，山西省推出了首单森林碳汇遥感指数保险。森林碳汇遥感指数保险是为森林碳汇的经济价值提供保障，它把森林受到各种意外灾害对林木的损失指数化为碳汇的损失，通过卫星遥感技术进行碳汇监测和理赔服务。这一险种是农业保险和遥感科技深度融合的代表，将遥感技术的应用直接纳入保险的过程，从而解决传统森林保险的理赔、定损难题，给森林保险注入科技元素。

第二节　森林火灾保险风险区域划分

在森林火灾保险中，风险区域划分的主要依据是森林火灾发生的概率。风险区域划分为森林火灾保险业务定价提供必备依据。

一、森林火灾保险风险区域划分的选取方法

（一）森林火灾保险风险区域划分选取的经验借鉴

森林火灾保险风险区域划分的基本思路是构建一系列指标体系对风险的等级进行量化，根据指标体系得到最终的风险分级，由风险分级的不同权重确定对应的费率水平。在森林火灾保险区域划分方面，不同国家采用了不同的依据。在北欧地区，林区面积大，同时气候以常年冰雪为主，因此瑞典和芬兰在不同林区间实行差别费率。根据森林的主要植被、所处的地理位置、森林周边的环境情况将森林进行划分，在此基础上对森林保险进行不同的定价策略。在北美地区，根据森林的保护措施、生长区域的气候适宜性、树种的耐受性、林木的种植密度等因素进行风险区域划分。在日本，森林保险的风险区域划分主要根据树木种类、树龄和林地生境状况进行分类。日本森林保险的创新是，不同风险区域划分内的森林不仅保险费率不同，而且保险金额也不同。

（二）森林火灾保险风险区域划分选取的主要方法

1. 聚类方法

聚类方法是传统的森林保险风险划分方法。聚类方法把属性相似的样本归

到一类，对于每一个数据点，可以把它归到一个特定的类，同时每个类之间的所有数据点在某种程度上有着共性，比如空间位置接近。聚类方法多用于数据挖掘和数据分析领域。聚类方法目前被国内外学者用来进行森林火灾保险的风险区域划分，例如在印度北部的森林灾害风险区域划分中，引入聚类分析，制定合理的森林灾害风险区域划分。也有学者对中国森林火灾的时空分布特征和风险状况进行研究，以提高综合森林防火能力。

2. 权重分析法

权重分析方法是一类传统的森林风险划分方法。目前的森林保险中，把权重分析法和主成分分析法等方法进行结合，从而确定不同因素对森林火灾的影响权重，建立风险区域划分的定量模型。例如，在一个省的范围内采用权重分析法进行风险分析，对风速、降水量、居民人口密度等因素的权重进行分析，从而得到合适的风险区域划分模型和风险区域划分结论。

2. 深度学习方法

深度学习是伴随着科技水平的提升而产生的新的风险区域划分方法。深度学习是神经网络、机器学习、深度信念网络等方法的统称。通过深度学习方法的运用，推动人工智能等新科技在森林保险中的运用，给森林保险的经营带来新的科技元素。例如，以深度信念网络为模型，对森林火灾进行预测，通过该方法可得到比传统方法更准确的结果。在西班牙，以西北部的森林为研究对象，利用神经网络方法建立森林火灾预测模型，并制定森林火灾风险区域划分，应用结果显示该预测模型的准确度较高。

二、森林火灾保险风险区域划分指标选取及结果

（一）森林火灾保险风险区域划分指标选取

1. 年平均气温

年平均气温是反映气象条件的重要指标。年平均气温越高，发生森林火灾的概率越大。伴随着全球变暖的大趋势，平均气温升高成了普遍现象，这给森林火灾保险的风险划分和定价策略带来了影响。2020年以来全球范围内森林山火频发，这和全球变暖有一定关系。

2. 森林覆盖率

森林覆盖率指数是反映一个地区总体森林化水平的指标。如果一个地区的

森林覆盖率比全国平均水平高，说明该地区森林面积大，而发生森林火灾风险的可能性较高，可以由政府和保险公司对风险的划分等级和费率水平进行协商设计。森林覆盖率除了横向对比之外，还需要考虑这一地区过去3年或5年的森林覆盖率，通过纵向对比得到森林的总体情况。如果森林覆盖率增加，说明退耕还林和生态恢复完成得较好。

3. 林地类型

森林的地理区位和林地的植被种类也是影响森林火灾风险区域划分的关键因素。森林的面积越大，发生火灾的概率越大；天气炎热地区比寒带地区的林地发生火灾的概率大；植被的密度、植被的种类、林木的树龄都是影响森林火灾风险区域划分的重要因素。

4. 伤亡人数

伤亡人数是火灾造成的死伤情况。伤亡人数越多，代表火灾的影响越大，越难以扑灭。

5. 火灾频率

火灾频率是指一年中发生森林火灾次数的总和。火灾次数越多，表明该区域的林木发生森林火灾的概率越大，火灾风险越大。

6. 平均风速

平均风速是影响火灾损失的重要因素。平均风速越大，火灾造成的损失越大。同时，风向也影响着火灾发生后的实际损失，如果气象条件发生变化，风向改变，可能给火灾造成重要的改变。

(二) 森林火灾保险风险区域划分结果

通过以上的指标选取，可以得到我国森林火灾保险区域划分的结果。首先，较高风险区域有云南、广东、江西、海南、浙江、湖北、安徽、四川、黑龙江、吉林、重庆、内蒙古。在这些区域中，广东、江西、海南、浙江、湖北和安徽是传统的南方林区，森林覆盖率高，森林火灾的发生概率也较高。四川、云南、重庆是西南林区，由于气候原因，森林火灾发生概率高。黑龙江和吉林是东北林区，也存在较高的森林火灾发生概率。中等风险区域有山东、河南、陕西、江苏、辽宁。这些省份的森林覆盖率、火灾发生概率和气候地理环境条件都处于中等水平。除了较高风险区域和中等风险区域外，其他区域为低风险区域，风险的发生率低，森林保险的费率水平也低。

第三节 发展森林保险的对策建议

一、对森林保险进行科学区域划分

根据前面两节内容的分析可知，有必要对森林保险按照区域、林业发展水平、经济条件、财政水平和险种设计等因素进行科学的区域划分，以推动森林保险发展。现有的森林保险设计，主要是根据地区对森林保险进行风险划分，但是对于气候因素、季节因素、灾害因素的考虑较少，无法满足差异化风险管理需求，因此，对森林保险的风险区域划分提出以下建议。

第一，审视不同区域的森林灾害风险等级，进行更细致的划分。现有的风险划分以森林覆盖率和气候条件为基础，对不同区域进行了森林保险的等级划分。建议保险公司深入调研，和林业部门展开深度合作，制定一个标准化的森林灾害风险等级的指标体系。在拟制定的指标体系中，区域因素构成基础风险因子，针对高、中、低风险省份的森林，在风险划分的时候附以不同的权重，从而体现差异性。第二，将气象数据、灾害分类、人口密度纳入风险区域划分指标体系中。按照灾害的发生率高低，将虫灾、冻灾、火灾等不同灾害事故的风险进行等级划分，纳入森林灾害风险等级指标体系中。通过制度设计，有利于量化风险，做到高风险标的对应高费率，低风险标的对应低费率，更好地体现风险的差异性。第三，通过森林灾害风险等级的细分，有利于建立全国统一的森林保险风险区域划分指标表，不同地区的森林保险只需要通过查表，就可以获得当地的森林风险等级，从而增强森林保险的条款适应性，减少保险公司在不同省份甚至不同县市单独设定保险条款和保险费率时的工作量。

二、科学合理地设计森林保险费率

农业保险中的费率厘定相比于财产保险精算技术来说，存在较强的政策性和协调性，森林保险的费率厘定也是如此。森林保险的费率采用"一地一策"的方法，甚至保险公司会和较大的国有林场单独制定保险费率条款。这种费率厘定虽可以充分体现森林保险的个性特征，但也面临费率和风险不对应、保险公司经营成本高等问题。

为了提升森林保险的发展水平，需要科学合理地设计森林保险费率。第一，费率厘定要以风险区域划分为基础。通过前文设计的风险区域划分指标体系，可以对不同地区的不同森林进行风险评分。在费率厘定中，建议将风险得分作为费率制定的依据。第二，在费率的设计中充分考虑不同地区不同灾害的发生率，在风险区域划分指标体系的基础上进行费率的动态调整。全球变暖给不少地区的气候自然环境带来了较大的影响，因此在制定森林保险费率的时候建议依据过去 2 年或 3 年的先验数据，在基础费率的基础上适当地增加或减少，实现风险和保费的一致，体现保险在不同投保主体间的公平。第三，引入无赔款折扣系统，以提升森林保险的承保质量和理赔质量。无赔款折扣系统目前已在部分地方的森林保险经营中进行了试点，并取得了较好的预期效果。采用无赔款折扣有助于保险公司更好地管理风险，投保主体可以对小额损失选择自己承担，同时，投保主体在无赔款优待的激励下有内驱动力加强标的风险管理，从而减少森林保险事故的发生。

三、开发森林保险新险种

险种创新是农业保险发展的必然结果，也是农业现代化发展对农村金融提出的要求。新的险种将帮助地区产业发展，给现代农业、林果业发展构建坚实的风险保障屏障。创新森林保险险种，要充分考虑当地的风险状况及费率水平，结合实际和客户需求，为不同区域的林业生产者定制个性化的产品和服务，因地制宜地制定适合本地区林业生产者森林保险需求的险种。

建议开发并推广碳汇相关保险。在碳中和和碳达峰的要求下，森林和森林保险也要做出相应的改变。目前在福建省和山西省已经开展了"碳汇"相关的保险创新，但是现有的保险创新不管是从推广范围还是创新力度来看都不够。建议在更多地区开展碳汇相关的森林保险创新实践，达到通过保险服务地方经济的目的。建议开发并推广森林防火气象预警指数保险，指数保险不再以事故的发生作为保险理赔的触发条件。考虑到森林火灾一旦发生可能产生较大的损失，因此将防火成本也纳入保险的理赔范围内。一旦森林防火等级在四级以上，被保险人为森林防火投入相应的成本，则该成本属于保险理赔的范围。该险种有利于鼓励林场进行充分的风险管理，减少森林火灾的发生概率。建议开发并推广林木产量保险，一旦因为受灾造成林木减产，由保险对农户的损失进行补偿。建议开发并推广特色林果保险，现有森林保险中政策性保险较多，但是针对农户种植的经济林木的相关保险较少。在乡村振兴和地区特色产业发展的过程中，农业保险必不可少，建议开发特色林果保险，给经济林提供必要的风险保障。

四、建立森林保险再保险制度

农业生产经营有季节性的特点，受天气和自然灾害影响较大，因此有必要建立农业巨灾风险机制，使用政府兜底的巨灾基金、农业再保险等方式对大额的农业损失进行赔付。在森林保险的实践中，目前还没有建立起森林再保险制度，有必要对森林再保险进行产品开发和制度设计。

建立森林保险再保险制度需要多方主体的共同努力和配合。森林保险再保险的制度设计应由银保监会牵头，通过设计"森林保险再保险条例"给各家保险公司的森林保险再保险安排提供政策支持和政策依据。森林保险再保险的经营主体应该是中国农业再保险股份有限公司。该公司负责开发和设计具体的险种、安排再保险方式、研究如何通过政府和保险共同配合实现风险的分散。森林保险再保险的实际经营需要原保险公司、再保险公司和地方政府进行合作。原保险公司负责风险的审核与再保险标的的确定，政府连同再保险公司一起设计保费分出的比例和再保险安排的主要方式，建议采用溢额再保险而不是成数再保险对森林风险进行再保险安排。

五、推行差别化财政补贴政策

区分农业保险是政策性保险还是商业性保险的标准是政府是否提供财政补贴。自《农业保险条例》颁布以来，各地陆续开办了支持地方特色产业发展的特色型保险，并以保费补贴的形式进行支持。在森林保险中同样存在政策性和商业性两类，大部分国有林场购买的是政策性保险，而个人农户能够买的以商业性险种为主。目前现有的森林保险财政补贴政策还有待完善，为此提出以下发展建议。

第一，建议根据风险区域划分确定差异化的补贴政策。根据风险区域划分，不同地区、不同风险的森林，其保险费率水平应有所区别。在此前提下，提供相同的保费补贴比例是不合理的。建议根据保险标的面积、保险金额、保险费率来确定保费补贴的比例，例如对面积大、保险金额高而风险较低的森林保险保单，适当降低保费补贴比例；而对重点地区、森林山火及森林病虫害多发的林区，提高保费补贴比例。

第二，建议除了在投保端对保费提供补贴之外，将补贴的形式和补贴的主体多样化。向经营森林保险的保险公司提供经营费用的补贴，以弥补可能的经营亏损；保险事故发生后进行财政兜底设计，对超出保险金额的损失部分由政府建立巨灾风险分散基金，对受灾的农户提供帮助；鼓励保险公司投资地方特色农业产业，地方政府给予保险公司相应的土地租赁便利条件和税收优惠政策。

第三，建议优化现在的特色奖补政策。特色奖补政策是省级财政为了支持特色产业发展而推出的财政补贴措施，县级财政在对森林保险提供保费补贴后，可以在每年末获得省级财政的一定比例的奖补。但是，现有的特色奖补政策难以实现对经济欠发达地区的补助，而欠发达地区县级财政收入有限，难以对当地的农业保险保费提供补贴。优化现有的奖补政策，减少从补贴到奖补的时间差，实现实时奖补，从而帮助地方政府将奖补政策落到实处。

六、加强保险科技的运用

保险科技正在广泛地应用于森林保险，例如使用卫星遥感技术完成核保核赔和森林的全过程监测，将数字孪生应用于森林状态的整体模拟等。但是，科技的运用没有止境，未来的森林保险发展需要增强科技的含量，服务于保险效率的提高和保险服务的创新。

增强数字孪生、遥感等科技在森林险保险定损中的运用，使用数字孪生来追溯森林减少的原因和面积，掌握面积信息。森林是脆弱的，诸多因素都可以导致森林面积的减少，除了非法采伐，还包括森林火灾、极端天气、病虫害等一系列致损因素。应该在森林变化监测的基础上，进一步对毁林原因进行追溯，帮助相关方进行有效防范。

增强无人机在森林保险验标核保中的运用。无人机技术可以解决传统的森林保险中的验标难题，简单快捷地实现保险标的确认工作。使用新科技验标不但可以提升森林保险的科技含量，还可以减少保险经营中的时间成本、人力成本，从而节省经营费用。

第九章　遥感技术在农业保险中的应用

第一节　遥感技术及其在农业保险中的应用概述

一、遥感技术概述

遥感这一术语是由美国地理学家艾弗林·普鲁伊特于 1962 年提出的。按照其解释，广义上来说遥感就是遥远的感知，能够在不接触的情况下进行远距离的探测；狭义上则是利用各种探测技术如电磁、光波等，进行远距离或者非接触获取信息并进行加工处理的一种技术。遥感技术则是以人造地球卫星作为遥感平台的各种遥感技术系统的统称，主要是利用卫星对地球和低层大气进行光学和电子探测。

遥感数据提供的信息量大、覆盖全面且时效性强，能够解决农业保险在经营中面临的信息不对称、理赔成本高、效率低和难以监管的问题。利用卫星、无人机等空间信息支持技术，可以建立庞大的承保标的数据库，在承保和理赔工作中提供充分的数据支持，实现"有图""有数据"可依。同时，利用遥感技术，能够及时明确农作物受灾范围和程度，为理赔提供更有效的解决方案。因此，在农业保险领域利用卫星遥感技术具有探测范围大、速度快、精确度高等特点，能有效解决传统农业保险承保理赔模式中存在的诸多问题，为农业保险的高效发展提供技术支撑。

目前，遥感技术在我国农业保险中的应用已经逐步规范并扩大。2019 年 12 月 24 日，中国银保监会发布了《基于遥感技术的农业保险精确承保和快速理赔规范》（JR/T 0180—2019），对种植险和森林险利用遥感技术开展农业保险精确承保和快速理赔、规范遥感技术在农业保险承保和理赔中的应用起到了规范作用，推动了遥感技术在其他农业保险的扩展应用。

二、农业保险应用遥感技术概述

从可以搜集到的文献来看，我国保险中应用遥感技术的研究始于 20 世纪 90 年代。在知网以"遥感技术""保险"为关键词进行搜索，截至 2022 年 6 月底，总共有 80 篇文献。最早关于遥感技术应用的介绍的文献发表于 1998 年，直到 2015 年都是每年 1 篇到 2 篇的文献量。2016 年发表了 6 篇，此后逐年增加，每年有十几篇相关的研究。对其进行梳理，发现主要集中在两个方面：一是对遥感技术和国外经验的介绍，二是遥感技术在我国具体的应用实例。本书选取其中比较具有代表性的文献进行回顾。

遥感技术介绍方面，张晓东（2020）针对遥感技术在保险中的应用进行了梳理和总结，认为可以将保险分为两类：一类是根据地域损失相关性特征划分的个体风险以及系统风险保险，另一类则是根据赔偿特征细分的索赔保险和指数保险。在索赔保险（传统保险）中，遥感技术能够应用在承保和理赔两个方面。而在指数保险（创新型保险）中，遥感技术应用得更广。他列举了欧洲的气象指数保险和肯尼亚的牲畜保险，进而提出了遥感技术在实际作物险种中可能存在的问题及解决方法。王云魁和杨红丽（2020）介绍了美国农业收入保险的成功经验，并对其中科技技术的应用如信息采集技术和遥感技术等进行了介绍。

遥感技术在我国的应用实例方面，2013 年中国人保财险和北京师范大学等单位针对遥感技术在农业保险中的应用展开研究，发布了《国家发改委卫星及应用产业发展专项项目——基于遥感技术的农业保险精确承保和快速理赔综合服务平台与应用示范》报告。项目主要围绕"精确承保"和"及时理赔"环节展开，通过整合多源遥感农业保险产品平台、北斗系统现场勘察平台和信息综合服务平台，形成了精确承保和迅速理赔的特殊保险产品。随后在 2013—2015 年选择了内蒙古、湖南和海南的 15 个农业大县展开试点应用。陈爱莲等（2021）针对 2017 年双河农场稻瘟病灾情保险中采用 ASD 手持光谱仪光谱策略和哨兵 2 号卫星影像反演技术进行水稻光谱对比，创建了稻瘟病指数，最终构建了损失率模型，为水稻保险定损问题的解决提供了思路。武建伟和丁富强（2022）利用遥感技术建立了农业保险绩效大数据平台，以解决农业保险经营过程中的一些违规问题，如"重复投保""虚报面积"和"骗保"等问题。通过建立的数据分析平台将投保区域中的农作物实际生长情况、受灾状况与保险机构的承保、理赔数据相比对，形成分析报告，为保险监管提供数据支持。吴波等（2020）以菏泽市单县玉米涝灾定损保险为例，介绍了遥感技术的具体应用情况。王艳霜和王文辉（2020）针对云南烟叶种植保险运用遥感技术的全流程进行了介绍。

国外文献对于此方面的研究主要集中于指数保险，如气象指数、牧草指数以及相关损害指数等。

Jan de Leeuw等（2014）的研究表明保险公司已经在政府的建议下推出了以遥感为基础的各种指数保险产品。他们对不同保险标的的差异进行了探讨，认为遥感在指数保险中具有特殊的应用空间，主要是由于：①可以构建与被保险对象密切相关的指数；②这些指标可以以较低的成本交付；③它打开了索赔保险所不能服务的新市场。他们最后指出，遥感技术在保险领域的应用有限，是由于缺乏相互了解，因此他们呼吁保险业与遥感界加强合作。

Little等（2007）在其研究中阐述了以下内容：①将遥感数据整合到1990—2007年美国作物保险计划的现有数据仓库中；②检验遥感与作物产量的相关性；③利用遥感时间序列数据评估作物产量的变化。最终结果显示，相较于以前（2000—2007年），数据仓库的数据挖掘是基于概率和算法来识别可能的欺诈、浪费或资源滥用的。在数据挖掘资源中增加卫星数据仓库的价值在于：①提供额外的经验度量；②提供植物健康的客观数据；③捕捉植物健康方差的可测量度量；④测量位置和生产的协方差的手段。因此，可通过添加卫星数据来改进数据挖掘，以减少欺诈、浪费和滥用，最终将减少误报的频率。

Brahm等（2018）对拉丁美洲气候指数保险对遥感卫星应用的案例进行了研究。他们首先介绍了拉丁美洲建立的新数据集，该数据集的目的是支持各种社会经济活动的决策，特别是气候保险产品的决策。拉丁美洲网格化日降水数据集历史数据库（LatAmPrec）基于西班牙国家科学院（CPTEC/INPE）开发的综合方案方法，对2000年3月至2017年7月拉丁美洲的日降水进行了高分辨率、低延迟、基于标准卫星的分析。为了了解用于天气指数保险的新数据集的优势和局限性，他们的研究应用了两种不同的验证方法。首先，通过相互关联过程捕获新的标准合并数据集的准确性和改进的特征。其次，为了衡量数据集在保险损失背景下的能力，该研究使用了一种统计方法进行验证，将以前应用于村庄级别的方法应用于区域级别，以评估新数据集对损失事件证据的预测能力。这对农民访谈数据和国家级灾害数据集都适用。两种验证方法的结果表明，与其他数据源相比，LatAmPrec表现良好，可以令人满意地捕获与保险相关的地面损失。与天气指数保险行业使用的其他产品相比，该新产品的一个主要优点是其高空间分辨率和低延迟。

Porth 等（2018）对系统天气下保险实践中应用遥感技术预测牧草产量模型进行了构建。目前，农作物指数保险仍处于相对初级阶段，需要进行更多的研究和试验，以解决一个主要的限制，即所谓的基差风险（指数所显示的损失与被保险人实际遭受的损失之间的不匹配）。传统上，地面气象站测量一直是天气指数中最常用的方法，而这种方法往往导致高水平的基差风险。卫星遥感技术的发展为使用公开可得和透明的"大数据"提供了新的机会，通过降低基差风险，使基于指数的保险单更具有相关性。这项研究对精算和保险领域做出了重要贡献，因为它强调了利用大型和全面的卫星数据集进行保险设计和预测，而这些数据集在保险实践中迄今为止相对未被探索。虽然这里以农业为例，但研究可以扩展到其他作物，以及财产和意外险部门的其他领域。

第二节　国外遥感技术应用情况

遥感技术为解决上述指数保险的一些问题提供了机会。如果对数据进行适当的预处理，卫星上的传感器就能以各种空间分辨率提供有关各种植被和水文参数的经济、可靠和公正的信息。此外，业务卫星具有提供连续信息流的潜力，遥感界已开发出图像处理程序，以生成具有稳定特征的长期数据集。目前存在许多基于卫星的输入源创建一致的长期记录的成果，例如欧洲航天局的气候变化倡议和美国宇航局的陆地长期数据记录。遥感记录持续时间的不断延长将增加其作为自然过程可变性的历史记录的价值，突出了它在指数保险方面的效用，因此遥感技术被广泛应用指数保险中。本节主要介绍了国外遥感技术在农业保险部门的应用情况。

一、加拿大农业及其保险部门的遥感技术应用

加拿大农业部门曾对农业中应用遥感技术的重要性进行了探讨，认为在农业生产中识别和绘制作物很重要。国家和跨国农业机构、保险机构和地区农业委员会创建作物类型地图，以准备特定区域和时间的作物目录。这有助于预测粮食供应（产量预测）、收集作物生产统计数据、促进作物轮作记录、绘制土壤生产力图、确定影响作物生长的因素、评估因风暴和干旱造成的作物损失以及监测农业活动。其中，关键活动包括确定作物类型和划定其范围（通常以英亩为单位），获取这些信息的传统方法是人口普查和地面勘测。然而，为了使测量标准化，特别是对多国机构和财团而言，遥感技术可以提供共同的数据

信息。

遥感技术是收集所需信息有效而可靠的手段，可绘制作物类型和种植面积图。除了提供天气图，遥感技术还可以提供植被健康状况的结构信息。田地的光谱反射会随着物候（生长）、阶段类型和作物健康状况的变化而变化，因此可以通过多光谱传感器进行测量和监控。雷达对作物的结构、排列和水分含量很敏感，因此可以为光学数据提供补充信息。组合来自这两种类型的传感器的信息可增加用于区分每个目标类别及其各自特征的信息，因此有更好的机会进行更准确的分类。同时，遥感数据可以嵌入地理信息系统（GIS）和作物轮作系统，并与辅助数据相结合，以提供所有权、管理实践等信息。

在实际应用中，作物识别和制图受益于多时相图像的使用，通过将反射率的变化作为植物物候（生长阶段）的函数加以考虑来促进分类。这反过来需要校准传感器，并在整个生长季节频繁重复成像。例如，像油菜这样的作物在开花时可能更容易识别，因为光谱反射率会发生变化。多传感器能比单一传感器提供更多的信息，对提高分类精度也有很大作用。遥感技术提供有关植物叶绿素含量和冠层结构的信息，而雷达提供有关植物结构和湿度的信息。在持续云层覆盖或烟雾笼罩的地区，雷达是观察和区分作物类型的极佳工具，因为它具有主动传感能力和长波长，能够穿透大气中的水蒸气进行信息收集。

可见加拿大农业部门对于遥感技术的应用进行了充分的研究和分析，下面列举其应用的典型案例。

（一）农业病虫害防治中的遥感技术应用

遥感技术已经被广泛应用于加拿大农业，如病虫害管理中心（PMC）通过农药风险降低小组开展项目，开发和实施综合病虫害管理（IPM）技术，以支持种植者以更环保的可持续方式进行作物生产。在这些项目中就有一项专门针对遥感技术应用的提案：PRR03-550。该项目的起止时间为2003—2006年，目的是评估一个地面摄像机原型，用于绘制油菜和豌豆地里的各种杂草，并用于特定地点的除草剂喷洒。

最初提案中列出的可交付成果没有在预期的时间内完成。然而，研究人员开发了杂草/作物区分的方法，并提供了杂草/作物制图的概念证明。对系统潜力的经济分析表明，该系统的效益取决于除草剂成本和系统的准确性。这项研究的分类结果已经并将进一步与相机制造商共享。然而，在该技术能够用于杂草组分图的制作和除草剂喷雾器的设计之前，还需要完成一系列开发工作。

（二）饲料保险中的遥感技术应用

2022年2月，温尼伯市南部联邦议员特里·杜吉德和马尼托巴农业部部长德里克·约翰逊宣布了加拿大和马尼托巴政府将通过加拿大农业合作伙伴关系（CAP）进行投资，与马尼托巴奶农（Dairy Farmers of Manitoba，DFM）合作开发一种新的基于使用的保险（usage-based insurance，UBI）产品，以满足饲料作物种植者和其他利益相关者在2020年饲料保险计划审查中表达的需求。该省将与DFM签订一份为期两年的捐助协议，向CAP-Ag行动马尼托巴省战略倡议（工业主导）提供联邦流通资金。该项目由DFM与马尼托巴牛肉生产者和另外四个生产者组织合作领导，为马尼托巴省的饲料种植者开发一种基于使用的农场指数保险产品。它包括卫星遥感和其他大数据的集成，以及一个交互式的基于网络的应用程序，农民可以使用它来个性定制保险产品，接收实时和动态定价，监控整个季节的饲料生产，并快速跟踪索赔结算。

该项目得到了各方面的支持。草料生产商已经亲自经历了持续的气候变化影响，通过使用科学工具收集和评估当地情况，这样的项目将为马尼托巴省受干旱影响的生产者提供新的解决方案。

项目由AIRM咨询公司在18个月内实施，该公司还将开发一个带有地理信息系统接口的网站，供农民购买保险、监测他们的政策并支持理赔。加拿大农业伙伴关系是由加拿大联邦、省和地方政府承诺的一项为期5年、价值30亿美元的计划，旨在支持加拿大的农业食品和农产品部门。这包括一项20亿美元的承诺，60％由联邦承担，40％由省/地区承担，用于由各省和地区设计和实施的农业保险项目。

二、国际农业研究磋商组（CGIAR）的遥感技术应用

作为世界最大的全球农业研究组织，国际农业研究磋商组织（CGIAR）的气候变化、农业和粮食安全研究计划（CCAFS）汇集了国际农业研究磋商组织及其合作伙伴的科学和专业知识，以促进气候智能型农业的积极变化。该机构在推广遥感技术应用与农业保险方面做出了很多努力。下文主要介绍其中的一些典型项目。

（一）南亚基于指数的洪水保险遥感创新

该项目由国际水管理研究所（International Water Management Institute，

IWMI）领导，与一系列国际、国家和国家合作伙伴合作，由 CGIAR 的 CCAFS（气候变化、农业和粮食安全）和日本农林水产省（MAFF）联合对研究项目进行资助。其中，国际水管理研究所是一个非营利性的科学研究组织，专注于发展中国家水和土地资源的可持续利用。总部设在斯里兰卡科伦坡，区域办事处遍布亚洲和非洲。国际水管理研究所与各国政府、民间社会和私营部门合作，制定可扩展的农业用水管理解决方案，对减贫、粮食安全和生态系统健康产生真正影响。日本农林水产省（MAFF）全面承担与农业、林业和渔业产品有关的管理工作，还包括农村发展和促进农村居民福利，以期实现粮食的稳定供应，促进农业、林业和渔业的健康发展和农村居民福利的提高。

为了更好地预警和应对洪水发生给农民带来的损失，国际水管理研究所的研究人员提出了很多解决方案。其中一个解决方案是基于指数的洪水保险（IBFI），这是一个使用卫星数据来计算对遭受洪水损失的农民快速补偿的系统。项目旨在通过和各国的非政府组织、金融机构和保险公司合作，向成千上万的农民提供此类保险产品，将风险从农民身上转移出去，帮助其更快地恢复生计。此外，应用该保险产品可以降低政府的灾后成本，并有助于实现节能减排、抵御贫困、性别平等和粮食安全方面的可持续发展目标。

1. 项目描述

由于人口增长、土地和水资源管理不善以及极端气候事件风险增加，大量人口容易受到洪水的影响。联合国减少灾害风险办公室（UNISDR）2011 年的一份报告估计，有 8 亿人生活在洪水易发地区，其中 7000 万人每年遭受洪水影响。洪水会严重影响基础设施、农业设施和生态系统，进一步对生计手段和公共卫生产生影响。农业社区，特别是小农户，因洪水造成的损失而承受着严重的经济压力。而传统的洪水风险管理侧重于基础设施，如修建大坝和防洪墙，或灾后重建活动和补偿——特别是在农业方面。然而，在过去几十年中，有证据表明，通过规划、建筑监管和预警系统等更广泛的方法可以显著减少洪水损失。基于指数的洪水保险就是这样一种具有成本效益的解决方案，可以更好地针对灾后救济来补偿农业损失。

基于指数的洪水保险（IBFI）是一种创新的方法，为低收入、易发洪水的社区制订有效的赔付计划。该项目旨在将高科技建模和卫星图像与其他数据相结合，以预先确定洪水阈值——这可能会引发快速的赔偿支付。与来自中央和邦政府机构、私人保险公司、社区组织和非政府组织的一系列组织和专家合作，开发有效的端到端解决方案。该项目旨在促进基于指数的洪水保险的可持续发展，帮助小农户更好地管理其生产风险。

项目将有助于汇集不同的合作伙伴，包括 CGIAR 中心、政府和保险行业，在 IBFI 进行试点，以增强农业复原力和防洪生计。

2. 项目实施情况

该项目覆盖了印度和孟加拉国的部分地区，这是在这些国家大规模发展 IBFI 的首次尝试。具体开展时间是 2015—2018 年，地点包括印度比哈尔邦的 Muzaffarpur、Darbhanga、Samastipur 或 Katihar 地区，以及孟加拉国的 Sirajganj、Gaibandha 和 Pabna 地区，实施框架如图 9-1 所示。

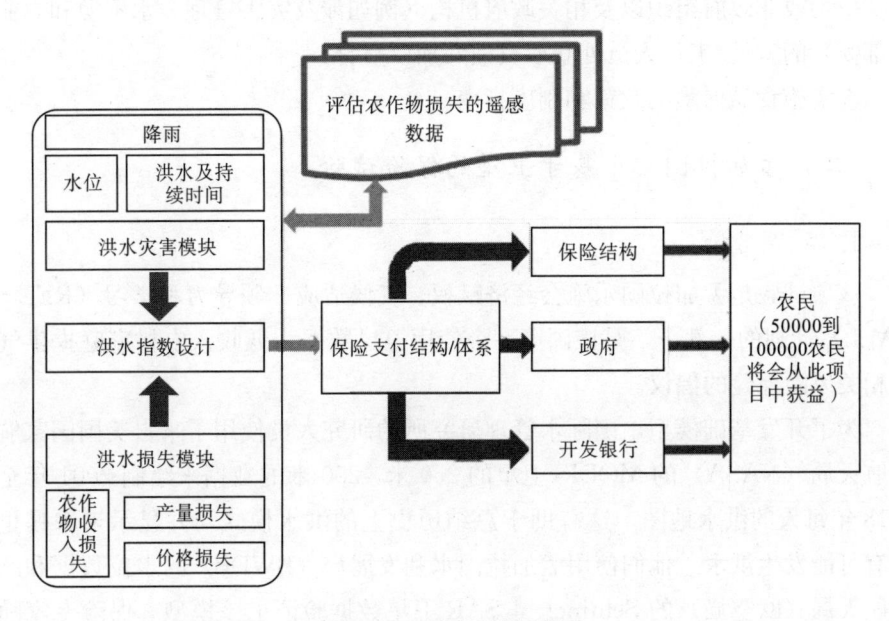

图 9-1 项目实施框架图

3. 项目结果

中级洪水指数保险旨在提高低收入、易受洪水影响的社区应对洪水风险的能力，促进社会经济发展。项目将有助于产生至少两个由南亚保险业和国家/邦政府联合实施的倡议。如果该项目提出的解决方案得到扩大，到 2025 年，大约 100 万农民将获得农业洪水保险，在强有力的公私伙伴关系商业模式支持下创造新的不同类型的就业机会，并提供 100 亿印度卢比的洪水保护资金。

南亚的创新洪水保险产品将在公私伙伴关系中与各种行为者（政府、保险公司、国际非政府组织、社区组织、非政府组织）密切合作实施，以促进适应气候变化的实践，并在扩大规模的过程中开发一个以政策为导向的模型。该项目还将致力于支持将保险纳入两国的气候变化适应战略。

具体成果：

①结合南亚国家选定地区的洪灾模型和遥感数据，对 IBFI 进行概念验证。

②用于监测和量化洪水对农作物影响的数字洪水绘图工具，及其在保险计划中的应用。

③为至少三个有大量边缘化女性农民/穷人的地区设计和试点测试一套农民友好型洪水保险合同，以确保合同没有性别歧视。

④从各国保险监管机构、运营保险公司、气象机构、农业研究机构、小额信贷机构或非政府组织以及相关政府机构（例如涉及灾害管理、水资源和农业的部委）的官员/工作人员处获取反馈并加以整合。

⑤实施食品保险的政策和制度指南。

（二）孟加拉国首个基于卫星的保险试验

1. 项目情况

该项试验是孟加拉国乐施会经济赋权、气候适应、领导力和学习（REE-CALL）计划的一部分，是该国第一个使用卫星数据为低收入农村家庭提供气候相关风险保险的倡议。

为了开发基础模型，国际水管理研究所的研究人员使用了来自美国国家航空航天局（NASA）的 MODIS 卫星的 250 米×250 米的数据来绘制 2001 年至 2018 年每天的洪水地图。这有助于总结历史上的洪水模式，并显示未来哪里最有可能发生洪水。他们使用孟加拉国水利发展局（BWDB）的水位数据和欧洲航天局（欧空局）的 Sentinel-1 SAR 卫星数据验证了该模型。保险专家随后围绕预期的洪水时间和水平、潜在的作物损失、工资和其他社会经济因素设计了支付条件。该模型的工作原理是从卫星图像中计算出被淹没的土地占所涉区总地理面积的比例。如果连续七天发生洪水，至少 40% 的土地被淹没，农民将获得 20% 的保险金额。如果在此期间至少 50% 的地区发生洪水，他们将获得 40% 的保险金额。对于连续 14 天影响至少 40% 地区的长时间洪水，他们将获得 30% 的保险金额。如果洪水在此期间影响了至少 50% 的地区，他们有权获得保险金额总额的 50%。

2. 项目后续

在整个南亚，气候变化正在增加与天气有关的灾害的频率和强度，使人口流离失所，并阻碍减少贫穷和不平等的进程。这些事件尤其影响到依赖农业谋生的群体。国际水管理研究所现在正与乐施会、联合国世界粮食计划署

(WFP)和其他合作伙伴合作,将 IBFI 扩展到孟加拉国北部的另一个地区。扩大此类保险计划不仅有利于农民,也有利于政府和私营部门。

(三) CCAFS 的其他研究

卫星技术和数据分析的进步有助于避免高额交易成本的陷阱,从而将保险政策的潜在覆盖面扩大到以前被认为无法投保的农村地区。在这一新范式中,保险赔付与易于测量的环境条件或"指数"挂钩,而环境条件或"指数"与农业生产损失密切相关。可能的指数包括由卫星测量的降雨量、产量或植被水平。当一个指数超过某个阈值时,农民就会收到一笔快速、高效的赔款,在某些情况下是通过手机支付的。尽管这些制度给农民带来希望,但人们怀疑那些难以养家糊口的贫困农民是否愿意购买保险,尽管事实上这种保险可以提高他们的生产力和粮食安全。此外,要有效地为基础设施落后的偏远地区提供服务,还必须克服相当多的困难。

CCAFS 的研究对这种说法提出了挑战,展示了克服其中许多挑战的举措,这些举措在过去几年中迅速扩展,覆盖了世界上一些贫困地区数万至数千万小农户。CCAFS 的研究表明,成功的指数保险计划的关键特征包括农民参与指数设计过程,与决策者和私营部门密切合作,以及与研究人员合作。CCAFS 目前正在三个关键领域扩大指数保险的规模。在东非,CCAFS 正在调查基于指数的保险的潜力,以增加耐旱玉米和豆类品种的保险。在南亚,CCAFS 正在测试基于指数的农作物洪灾损失保险的可行性。在西非,CCAFS 正在将基于指数的保险与包括气候信息服务在内的气候风险管理战略相结合,并为尼日利亚扩大 1500 万小农户的农业保险计划提供技术支持。

(四) 保险损失评估中的遥感技术应用

农业保险作为农民关键风险转移的工具,能够减少不可预测的天气灾害对农作物影响的损失。在农业保险中,损失或损害评估是作物保险计划中最重要的组成部分。而产量指数保险方案中,典型单位面积的产量损失是通过作物切割试验(CCEs)来估算的。但 CCEs 在测算的时间、监测、核实和汇总方面存在诸多问题,导致理赔时限延迟,给农民造成损失。同时,该方法使用粗分辨率遥感天气和植被指数数据来估计大面积的产量损失,不能满足村级保险计划的精度要求。遥感技术,如无人驾驶飞行器、手持 NDVI 传感器、微型卫星、数码摄影等的应用解决了上述问题,将其应用于农业保险将会给保险业带来巨大的机遇。

（五）基于图片的保险项目

气候变化和日益增加的天气风险，以及农业生产和价格的不确定性使印度小农遭遇了巨大风险。由于当时的农作物保险产品不能为农民提供及时的经济和生计保障，国际粮食政策研究所（IFPRI）及其合作伙伴自 2018 年起开发了基于图片的保险（PBI），作为哈里亚纳邦、奥里萨邦和泰米尔纳德邦加强作物保险的一种创新方法。PBI 的目标是利用智能手机和遥感技术为农民提供低成本、及时和准确的农作物保险。此外，该保险还可以将农业信贷和咨询进行捆绑销售。通过该项目的实施，PBI 的基础风险结果总体上改变了合作伙伴、利益相关者和农民对作物保险的态度和行为，PBI 作为一种可获得和准确的保险产品获得了接受。这些成果共同促进了作物保险方面信任关系的改善。在未来的研究中，可以将 PBI 整合到农业生态和社会经济领域的农民生产者组织中，并进一步扩展到高价值农业领域。

（六）基于天气指数的保险

农业极易受到天气冲击的影响，特别是在高度依赖雨水的非洲等地区。因此，为农民开发气候风险管理工具，以减轻和转移干旱和洪水等天气冲击的风险，成为政府部门和保险机构共同的目标。基于天气指数的保险（WII）就是在此背景下产生的。WII 不是对观测到的损害进行补偿，而是基于一个独立的指数（如在一定时间内的累计降水量，或一个地区的平均产量）来确定的。

WII 已被证明是农业气候风险管理的一种具有成本效益的工具。然而，WII 的推广却缺乏全面的地面降雨和作物数据，这是指数设计、定价和验证所必需的。遥感技术的应用可以基于卫星数据测算降雨量，这为 WII 的推广提供了可能性。遥感技术提供的数据可以被直接用于创建指数、验证现有指数、跟踪投保季节和评估基本风险（补偿与损害不匹配）。目前，非洲地区的数十万农民已经获得了基于遥感技术的指数保险。

然而，基于卫星衍生的 WII 仍然是一个新的研究领域，其面临着很多问题。解决这些问题需要学术和工业行为体的合作，包括数据提供者、农业气象学家、保险聚合者（设计和实施指数的人）、保险和再保险公司（为指数定价的人）以及可以直接与农民联系的非政府组织。为了将这些团体聚集在一起，利用卫星数据和地面观测（TAMSAT）的热带气象应用小组和国际气候与社会研究所（IRI）于 2016 年 2 月 16—17 日在英国雷丁大学举办了一场关于指数保险的研讨会。研讨会为 TAMSAT/IRI 从业者制定了指南，该指南对使用卫星数据进行索引保险提供了指导。研讨会讨论的重点是使用多个数据源验证 WII 指数的重要性，特别是在地面实况数据稀少的地区。数据的交叉比较是保险业的一项挑战，推动了许多平台的发展，包括美国宇航局－地球科学跨学科研究（NASA-IDS）农业保险遥感平台和改进干旱风险评估卫星技术。

第三节　国内遥感技术在农业保险中的应用情况及改进思路

我国农业保险的规模庞大，农业保险对农民转移农业生产过程中的风险具有重要意义。在农业保险的实际运作中，利用更高科技手段如具有更高空间、时间和光谱分辨率的卫星数据评估农业保险赔付能够显著提高农业保险的经营效率。与此同时，基于卫星遥感技术的农业保险创新应用也推动了农业保险模式的变化，使得农业保险风险管理水平得以提升。目前我国农业保险方面遥感技术的实践应用逐渐增多，促进了农业保险的精准化及高质量发展。

一、中国人保财险遥感技术的应用

早在 2010 年，中国人民财产保险股份有限公司（以下简称"人保财险"）便和中国科学院遥感应用研究所（IRSA）就遥感保险融合问题进行了交流，并签署战略合作协议，共同成立国内首家遥感与保险合作研究机构——遥感空间信息技术保险应用联合创新中心。中心将促使双方发挥各自在遥感空间信息技术和保险业务上的优势，推动遥感空间信息技术在保险承保、定损、理赔中的应用创新和保险产品创新以及保险业经营模式创新，为开展广泛深入的合作搭建平台。

由于洪涝、干旱、台风等自然灾害频繁发生，不可避免地对国民经济特别是农业造成重大损失，因此双方的合作主要集中在农业保险领域。IRSA 以其空间技术优势，在作物监测、气候与环境监测、防灾减灾等方面为中国经济做出了贡献。人保财险在农业保险等重点业务领域具有领先的专业优势。IRSA 可以为人保财险在承保、查损、理赔等整个经营阶段提供全方位的技术支持。此外，IRSA 还在财产保险营销和风险率评估方面提供决策帮助，空间遥感技术在保险业的应用被纳入 IRSA 的"创新 2020"项目。同时，项目得到了"无人机航空遥感平台"研制成果的支持，将无人机和遥感技术结合，它既能为地震、洪涝、泥石流、雪灾等自然灾害和突发事件提供查勘定损的超低空遥感成套化系列设备，又能够在大面积灾害事件中实现快速定损、快速理赔，解决我国农业保险经营过程中承保难与理赔难的突出问题，可为最终实现"按图承保，按图理赔"模式，全面提升保险的服务水平，大面积开展种植业保险提供技术支持和保障。

二、孝感市农业保险遥感技术的应用

（一）项目背景

湖北省孝感市孝南区某农场和某镇在农业保险中应用了遥感技术。2020年7月，该地区的中稻遭受了洪涝灾害，保险公司对其中稻种植的承保面积的测量采用了遥感技术。遥感技术主要应用在外业调查、遥感监测和实地验证等方面。遥感技术的应用能够显著降低保险公司的成本，通过高分辨率多光卫星数据的运用，进行地块分割和地物识别，能够快速、准确地开展定标、验标工作。同时，可利用遥感技术对承保区中稻的受灾区域进行监测和受灾等级分级。

根据农业保险的性质和工作流程，农业保险主要分为定标验标阶段和定损理赔阶段两个阶段。如图9-2所示，遥感技术支持下的农业保险项目具体包括七个方面的工作。

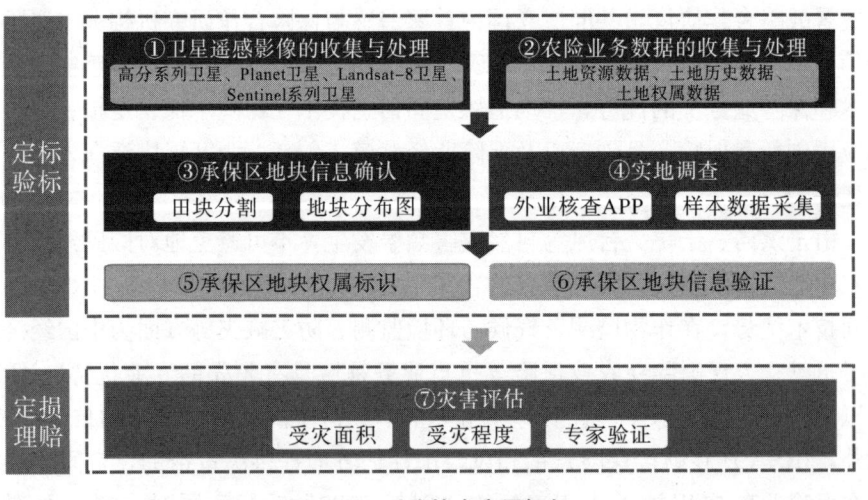

图9-2 遥感技术应用框架

（二）前期准备工作

前期准备工作主要包括卫星遥感影像的收集与处理、农险业务数据的收集与处理。一是获取卫星遥感影像。依据项目要求和作业目标，选择不同的卫星遥感影像作为数据源，目前常用的数据多来自高分系列卫星、Planet 卫星、Landsat-8 卫星、Sentinel 系列卫星等。二是获取地块边界信息、权属信息。获取农村土地经营权确权数据和土地流转信息，并利用遥感影像实现数据更新。

在孝南区项目中，为了快速、准确地做好定标、验标工作，利用遥感影像获取准确的地块边界信息和地块上的作物种植信息，通过实地调查、实际沟通的方式确定地块与承保农户之间的对应关系。

（三）获取地块信息

利用高分辨率卫星遥感数据，结合深度学习模型和机器算法，能够快速实现地块分割，保证边界信息划分的精准度。通过地块分割成果，能够快捷地获取地块位置、面积等信息。之后，将上述成果数据纳入数据库，利用移动 APP 开展实地调查，保证实地地块信息和农户承保信息互联。对于有确权数据和权属变更信息的情况，可以直接进行室内挂接，找出分割地块与确权地块不一致的地方，在移动 APP 中标记，去现场核实，确认后更新。此过程可解决农业保险中合作双方在地块和承保信息不对称的问题，并且省去传统农业保险中人工查勘地界、测算面积的过程，从而节省人力物力的支出，提高效率。

在孝南项目中，采用 0.8 米高分辨率卫星影像作为基准影像，制定严格的分割标准，利用深度学习和机器学习算法，实现地块分割，如图 9-3 所示。将分割地块和承保信息进行匹配和整理，分别以移动端 APP 和纸质打印的方式表现出来，可作为实地调查的基础数据。

图 9-3 地块分割情况

（四）定标

根据投保项目区域和投保作物品种，确定需要的遥感影像数据源和影像时间，结合实地采样数据解译出目标作物地种植分布情况，将该数据与承保数据结合，与地块数据相挂接，得到全面的地块信息、作物信息和承保人信息，实现定标。

在孝南区项目中，使用孝南区 2020 年 6—8 月的 3 米分辨率卫星影像，解译出水稻分布范围，并与地块数据挂接，与前期成果结合，对承保地块进行定标。对于出现不一致的区域，可在移动端 APP 中标记出，在实地调查时进行确认和验证。

（五）验标

有别于传统验标中的实地走访与勘测，遥感验标利用遥感影像解译的成果与定标数据进行对比，对其中的典型地块和不一致地块进行实地验证并采集样本，即可实现对所有地块的修正与完善。将完善的成果发送给保险公司，通过多次沟通确认无误后，完成验标工作。验标流程如图 9-4 所示。

孝南区利用 2020 年 6 月和 8 月的卫星遥感影像进行验标，利用实地调查数据进行验标精度验证，验标结果的整体验标精度为 98.09%。

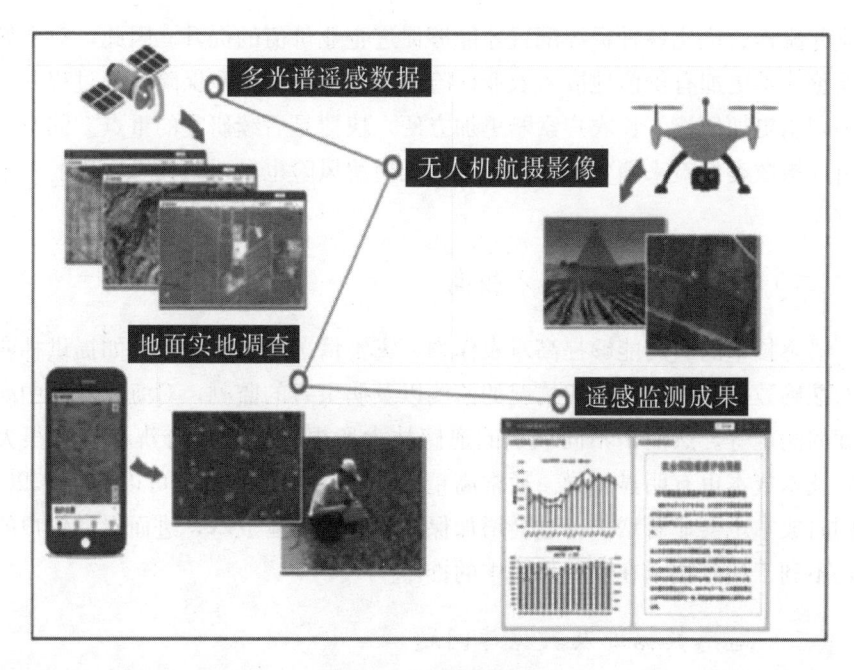

图 9-4 验标流程

（六）定损

根据灾前灾后的遥感影像，动态监测作物长势变化情况，判断受灾区域和受灾程度，结合验标数据，得出承保农户的受灾地块位置、受灾面积和受灾程度，从而实现作物定损，为理赔提供依据。在孝南区项目中，利用遥感技术提取出承保区内中稻的受灾分布制作受灾等级图。这些均为定损理赔提供了参照和依据。

三、农业保险应用遥感技术存在的问题

遥感技术在农业保险方面的先进性已经被实践证实，但由于发展时间短、应用复杂以及技术限制，遥感技术在农业保险方面仍然存在一些问题。

（一）遥感技术应用拓展不足

遥感技术应用在传统保险业务中时，能够根据遥感数据"按图理赔"，这只是增加了理赔数据的精准度，并没有对业务流程进行优化和缩减，保险机构和保险人员的工作效率并没有显著提升。但就技术创新来看，技术创新只有精

简业务流程、优化各种资源配置才能够促进企业价值的提升。因此，对于如何将遥感技术更加有价值地嵌入农业保险中，让保险机构在保险经营过程中的承保和理赔更加便捷，让农户索赔更加方便、快捷是后续研究的重点。同时，是否引入指数类保险来简化保险流程和降低道德风险也是遥感技术应用的一个重要方面。

（二）遥感技术应用成本较高

遥感技术的应用能够提高对农作物、灾害情况的精确判断，如提供林业火灾的准确数据，对植被旱灾情况的监测以及病虫害的监测，对海水养殖中海水盐度的测定等。然而，不同级别的遥感技术所提供数据的分辨率具有很大差别，技术成本也有明显差异。通常高精度的遥感数据分辨率可以在1米以下，但同时成本也会显著增加。这会增加保险公司的经营成本，进而提高农户的保费，不利于遥感技术在农业保险中的推广。

（三）遥感数据源及数据库问题

从国际保险实践来看，遥感技术应用于指数保险具有广泛的空间，但是指数保险所依赖的数据却对遥感技术提供数据的分辨率和数据质量有一定的要求。农业保险经营机构需要依据遥感技术提供的持续稳定的数据流设计保险产品和运营保险产品，然而当前的卫星图像系统不能够提供高分辨率的图像和数据，且我国对于民用和军用卫星可以达到的分辨率有具体的限定条件，这制约了遥感技术在农业保险方面的广泛应用。同时，我国地形复杂、地势不一，气象条件多样化，卫星传感器观测的数据通常存在较大的噪声，可能难以有效减少指数保险设计中的基差风险（即指数值和相关收益的预期值与实际值和收益之间存在的不匹配问题）。由于基差风险中的时空设计参数技术还未成熟，所以制约了遥感指数保险的开发。

遥感技术应用于农业保险需要数据库的支持，无论是承保还是理赔均需要运用数据进行分析。然而相比国外，我国遥感技术应用较晚，数据库建设不够完善。为保证指数保险产品的设计和农业理赔的精准，逐渐加大数据库的建设势在必行。

（四）遥感技术应用标准问题

缺乏遥感技术在农业方面应用的规范和标准。目前仅有2019年12月中国人民财产保险股份有限公司、中国保险行业协会和中华联合财产保险股份有限公司联合起草的《基于遥感技术的农业保险精确承保和快速理赔规范》这一项行业标准。2022年8月10日，由中国保险行业协会举办的《农业保险遥感技术查勘定损应用规范》系列标准论证会在京召开，这也推动了相关标准的制定，但如何应用实践以及存在什么问题仍是未来研究的课题。

四、农业保险应用遥感技术的改进思路

（一）提高和拓展遥感技术应用范围

相较于国外，我国对遥感技术应用于民用部门的投入不足，这会制约遥感技术在农业保险方面的应用。因此，我国农业部门、保险以及其他相关部门应加大对遥感技术的投入，让其能够更加切合我国农业的实际情况，以创新研发促发展，同时配套实施和开展农业监测、数据统计。除此之外，推进民用遥感技术和无人机技术在农业方面的应用，从政府层面给予一定的研发补贴和税收优惠，鼓励不断创新，进而推动遥感技术应用于农业保险，保障农民的收益和农业生产的持续稳定。

（二）降低遥感技术应用成本

遥感技术应用过程中的难点主要是数据积累的问题，数据源本身容易受到天气、地理位置等的影响，雷达数据提供的信息又存在限制，且存在一定的技术壁垒。如果应用无人机进行全覆盖，成本支出较高，保险公司难以独自承担。要想降低遥感技术应用于农业保险的成本，首先需要不断健全和完善卫星数据的整个产业链，降低整个产业链的成本。其次要扩大遥感技术应用于农业的范围，增加遥感数据的用户数量，形成规模经济，以此来摊薄成本。

（三）完善数据库的建设

数据的完善对农业以及农业保险均有重要作用，因此我国应该抓紧建设数据库，提高数据质量以及数据在农业应用方面的共享性。由于遥感技术的持续发展需要数据的不断更新和持续稳定的输出，这就需要数据库的基础设施建设和支持。在数据的共享方面，应该将目前已有的和未来持续获取的一些数据对农业部门开放，当然数据的开放程度以及数据精度方面可以设计分级指标，在保证国家安全的前提下，提高农业数据库的共享性。

（四）加快制定遥感技术应用于保险的标准

2019 年财政部、银保监会等四部门联合印发《关于加快农业保险高质量发展的指导意见》，特别强调了最新科技手段在数据采集、风险控制和定损等环节中的应用，而运用卫星遥感技术正是解决这几方面问题的方法之一。"十四五"规划也提出了围绕乡村振兴战略，积极支持农业保险扩面、增品、提标，动态开展农业保险标准需求调查和项目规划，规范农业保险服务流程，针对农业保险在承保、理赔等环节与自然资源密切相关的特点，结合物联网、遥感、北斗导航、无人机等技术应用，制定相应的技术标准，提升保险服务"三农"质效。这些意见和规划的提出对遥感技术相关标准的制定起到了指引作用。

第三篇　　展望篇

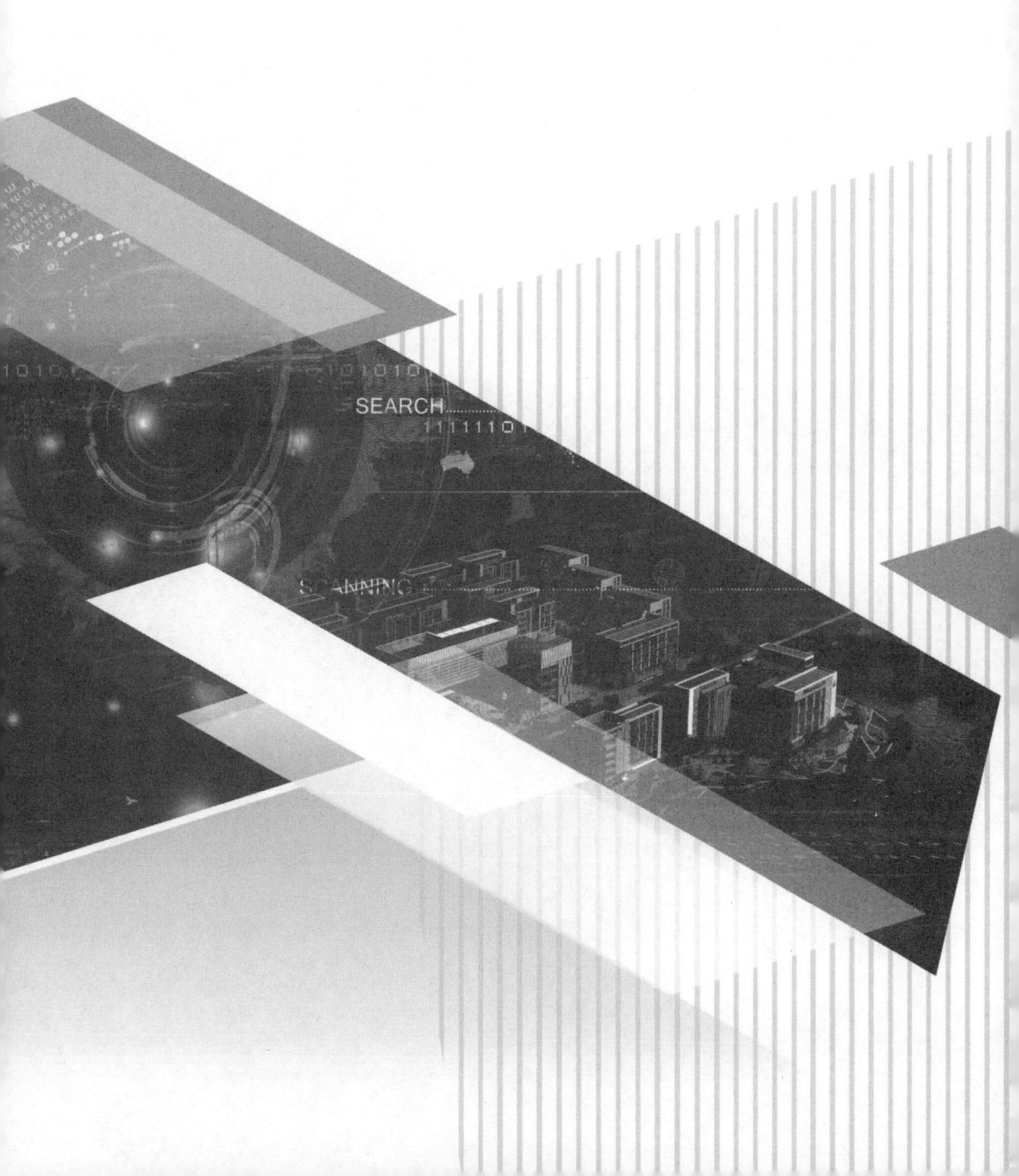

第三章

第十章　科技创新与农业保险服务质量提升

第一节　科技创新与农业保险服务质量提升路径分析

一、科技创新促进保险行业服务质量提升的路径

（一）深入挖掘客户的保障需求

随着我国社会经济的稳步增长和百姓教育水平的提高，消费者对保险市场的产品和服务也产生了差异化需求，各家保险公司为了在市场上保持现有市场份额或者进一步扩大市场份额，纷纷利用保险科技手段（人工智能、区块链、大数据等）在保险市场上加快布局。保险公司利用自身积累的行业数据和客户信息，首先，在产品设计环节基于客户画像，通过大数据、人工智能加大保险险种创新力度，为客户提供定制化保险产品，提高保险产品的服务领域。其次，在保险公司经营管理过程中，利用大数据对客户基本信息、健康信息和需求信息进行有效识别和处理。再次，依托人工智能对用户进行保险需求的精准刻画，以更好地为保险客户服务，为不断扩大市场份额打下坚实的基础。

（二）提升保险理赔效率

通过 AI 技术精准赋能保险承保和理赔环节，对客户投保信息进行自动识别和科学分析，提升对投保资料审核的准确率，对算法模型进行反复训练和深度学习，实现对高风险用户和异常数据的精准识别。大数据和区块链技术可以将客户投保、承保、理赔的诸多信息进行全方位、多角度比对和分析，除了提高保险公司核保准确度，还能降低虚假理赔、保险诈骗发生的概率，提高理赔效率，减少保险理赔纠纷。泰康在线推出的一款自动核保系统——"AI 核保决策引擎"，通过将医学和保险知识输入人工智能算法模型，为泰康人寿在核保环节节约了时间，提升了准确度。

（三）推动保险行业价值链健康协调发展

目前，保险行业在保险科技领域的探究主要有三方主体：一是保险科技公司，主要是以众安在线、安心保险、易安保险等为代表的新型保险科技公司，以新型的保险经营方式加快保险科技布局；二是传统保险企业，比如人保财险、中华联合、平安财险等，其能够及时转变经营方略，掌握新型科技发展方向，拥有科技研发的实力，善于通过保险科技稳固其原有市场地位；三是第三方技术服务商，例如佰信蓝图科技有限公司，该公司通过保险科技手段，利用智慧水务、智慧应急、国土空间规划等业务服务，为保险产业赋能，提升保险经营全产业链价值，实现我国保险行业整体提升发展。

（四）提升农业保险的国民认可度

我国农业保险市场已经一跃成为全球第二大农业保险市场。农业保险快速发展的背后也产生了诸多问题，比如业务经营不规范、保障程度偏低、险种种类偏少、重业务轻经营等，导致国民长期以来对保险公司、从业人员乃至保险行业产生了误解和偏见。农业保险作为财险公司保费收入排名第三的险种，由于其地域性、季节性和专业性，更容易让人产生误解和偏见。

如何转变国民对保险行业的固有印象，提升农业保险服务质量和满意度？科技手段的推广和应用将为这些问题的解决提供更有效的途径。各级财产保险机构、专业农业保险公司均要重视新科技、新方法在农业保险业务中的应用，加快保险行业数字化转型，打造智慧农业保险、数字保险等多元保险产品和全产业链农业保险服务应用平台，让农户切身享受优质农业保险服务，提高农业保险在风险管理、承保理赔、产品定价方面的准确度、满意度。

二、科技创新服务于农业保险高质量发展的重要性

（一）科技创新是我国农业保险高质量发展的战略保障

党的二十大报告强调，完善科技创新体系，坚持创新在我国现代化建设全局中的核心地位。农业作为第一产业是国民经济的基础，要实现农业的转型发展和高质量发展，必须依靠科技创新实现供给侧结构性改革，实现农业和农业保险高质量发展。

2022年中央一号文件也强调：大力推进数字乡村建设。推进智慧农业发展，促进信息技术与农机农艺融合应用。加强农民数字素养与技能培训。以数字技术赋能乡村公共服务，推动"互联网+政务服务"向乡村延伸覆盖。着眼解决实际问题，拓展农业农村大数据应用场景。加快推动数字乡村标准化建设，研究制定发展评价指标体系，持续开展数字乡村试点。加强农村信息基础设施建设。可见，科技创新不仅是我国经济发展的重要战略，也是实现智慧农业发展、数字乡村建设、农业保险高质量发展的重要保障。

（二）科技创新是我国农业保险高质量发展的实际需求

保险的发展需要服务于国家经济和社会发展的全局，农业保险的发展要服务于农业进步和农村经济发展，这是农业保险的职责所在。现代保险业的两大基本职能分别是风险分散和损失补偿，无论是国有保险公司还是股份制保险公司，无论是综合型财险公司还是专业化农业保险公司，都要围绕这两大职责开展服务，注重提升农业保险服务质量，提高农民对农业保险的满意度，实现这两大职责的唯一途径就是科技创新。今后保险公司将拥有专业化、科技化风险管理团队，利用高科技风险管理手段制定风险管理标准，为人们的生产生活、农业生产发展保驾护航。

（三）科技创新是我国农业保险高质量发展的核心动力

自2017年以来，科技在保险领域尤其是农业保险领域得到广泛应用。从人工智能、区块链到大数据、云计算和物联网，这些科学技术无一不渗透到农业保险的方方面面。保险科技的应用解决了农业保险业务量大、经营困难、数据缺失、信息不对称、合规风险大等问题，促进农业保险运行更加准确、高效和及时，有效降低了农业保险经营成本。有些公司在产品创新、科学监管、合规管理和风险管控等方面也取得了突出成绩。

各级政府也逐渐意识到科技在农业保险经营管理方面的重要作用，地方政府通过建立全国信息共享平台，地方财政通过科技手段加强对农业保险的合规监管，科技的应用有效提升了农业保险监管效率、降低了农业保险监管成本、保证了农业保险财政补贴真实性。

三、制约保险科技在农业保险领域应用的现实因素

（一）政府重视程度受限

我国农业保险工作的推动取决于多级政府、多方部门的协调联动，地方政府的财政实力和重视程度决定了当地农业保险的实际发展水平。绝大部分地方政府认为保险科技创新仅仅是保险公司单方面的行为，在实际农业保险保费补贴、保险监管、违规处理工作中仍然沿用传统方式，极大地降低了工作效率，政府服务也无法与保险公司现代化服务对接，导致农业保险政策监管、保费补贴、合规管理效率低下、成本高企。

（二）公司资金投入受限

科技创新离不开科研资金的支持，离不开科研设备的投入，离不开科研人才的培养。科技研发前期确实面临着大量的资金投入，投入产出效率未必对等，这就给众多的保险公司带来了现实考验：在实际农业保险工作中，除了少数大型财产保险公司具有一定实力能够进行科技研发，大部分开展农业保险的中小型财产公司将发展重点放在了"跑马圈地．撒网捕鱼"的基础工作上，疲于应对农业保险实际业务中的"道德风险""逆向选择"等问题，对科技应用的高投入和高风险"望而却步"，对科技是第一生产力的重要性认识不足。

（三）行业人才缺乏受限

农业保险科技创新应用人才不仅需要精通信息科技、区块链、大数据等互联网技术，还需要精通农业以及农业保险相关技术。农业保险的从业工作者缺乏保险科技相关知识和能力，无法有效将保险业务和科技需求融合，无法将科技元素融入保险实际业务中去；单纯保险科技工作者又缺乏农业保险专业知识和实践经验，无法精准把握农业保险科技需求，很难进行农业保险产品和服务创新。农业保险行业人才，尤其是既精通农业保险又精通保险科技的复合型人才的缺乏，成为制约农业保险科技创新进一步深化的因素。

（四）农业数据共享受限

保险公司、各级政府、涉农机构、投保农户等主体间农业数据、资源的共享是促进农业保险科技创新的前提，但各种因素导致农业数据共享渠道受阻、

资源数据共享不畅。首先，在促进土地流转、新型农业经营主体发展方面，保险公司需要土地确权信息、土地流转信息等来进行精准承保、理赔，但是大部分重要的土地数据资源掌握在政府内部，甚至部分数据还被定为保密数据，造成数据无法公开共享。其次，保险机构将农业保险数据、农业风险数据、农业产品创新数据视为商业机密，各家公司之间激烈的商业竞争也阻碍了农业保险数据的共享。最后，各级政府部门、涉农管理机构、各大保险机构之间缺乏有效沟通，虽然初步建立了信息共享平台，但是缺乏及时有效的农业数据作为支撑，无法起到促进保险科技进一步发展的作用。

第二节 保险科技创新提升我国农业保险服务质量的政策建议

一、基于政府层面的建议

（一）打破"数据孤岛"，增强农业保险监管服务能力

在"保险+科技"创新发展过程中，新技术正在逐渐融合到保险行业各个产业链。保险科技将通过大数据、人工智能对农户的历史损失、承保信息和预测风险进行检测和反馈，为减小对客户进行风险画像的误差，提高人工智能系统决策的精确率，人工智能的算法模型进行机器学习需要海量数据进行反复练习。保险行业要想寻求可持续发展，需尽快打破"数据孤岛"，攻克数据难关，增强农业保险监管服务能力。

保险行业监管机构可以牵头成立保险用户数据共享平台（包含农业保险），统一对用户个人数据信息进行收集、汇总和分类，构建完善的保险业数据信息链，将数据视为一笔公共资源（包含农业保险承保理赔数据、土地确权数据、土地流转数据、气象灾害数据、防疫检疫信息等），具体做法如下：

一方面，通过大数据资源的信息比对和检验，确保投保、承保、核保、查勘、定损、理赔、核赔过程更为公开、公正、透明和准确，帮助政府部门实现农业保险监管效率的提升和监管成本的降低。另一方面，这些大数据资源的信息必须明确归属部门，有需要的企业或者个人需要向国家制定部门申请，审查合格后方能访问和使用。监管部门也必须加强对使用过程和使用方法的监管，做到在保障网络数据安全的同时保护用户个人隐私，提高保险科技应用的安全

性，降低潜在的安全隐患。

(二) 尽快成立专项规划治理部门，严格惩处违法违规行为

保险科技之所以能够在保险行业拥有广阔的应用前景，主要源于通过保险科技可以对保险经营过程中产生的海量数据进行筛选、分析、加工和应用。在农业保险业务中，3S、物联网（电子耳标、电子项圈）、AI等技术手段在前期研发过程中，需要大量用户数据来对技术模型进行检验和修正，这些技术在应用过程中会不断输出大量用户基本信息，因此农户个人信息资料的安全尤为重要。

在农业保险业务的经营过程中，保险监管部门应联合数据安全管理部门、科学技术信息部门和消费者权益保护部门，进行消费者数据信息违规使用的整治工作，抽调人员成立保险科技数据安全管理组织，明确其管理目标、管理职责、管理方法和手段，评估并防范保险科技带来的新风险，做到有责可追、有责可担。只有在监管环节严加管理，对违法违规行为严格处理，才能从根本上遏制非法窃取用户信息、非法窃取公司机密等违法违规行为，才能规范保险科技下快速发展的农业保险市场，最终收获消费者的满意、行业的发展。

(三) 盯紧灰色监管盲区，多部门、多维度灵活监管

保险科技在农业保险领域的监督管理，主要应由财政部门、农业农村部、林草部门、银保监会、保险机构建立农业保险多方协同操作平台。保险科技的创新和应用始终应围绕风险管理的基本职能进行，既要坚守保险本质，又要加强对保险科技应用领域的事实、动态、多方监管。相较于传统保险企业的监管标准，应重点关注保险企业新技术、新产品、新服务的推广和应用，在初创阶段由于技术不成熟会产生很多问题，在为保险科技创新提供足够发展空间的前提下，对保险科技企业进行实时、全面、科学的监管，可避免因政策不到位或监管不科学而出现的监管盲区。

(四) 落实"科技监管"，提高农业保险监管防控效果

由于农业保险的特殊属性、监管主体和经营主体之间的信息不对称等，传统的农业保险监管方法导致农业保险监管效率低下，监管角度缺失。保险科技的发展为农业保险的监管提供了新的思路和方法，将3S、物联网、AI技术等科技手段融入保险监管当中，基于农业保险的海量数据资源，通过多元数据交叉比对、规则分析等科技手段的辅助，更有效地识别和防范农业保险市场的道

德风险、逆选择等问题。

首先，基于保险公司已有农业保险数据库，通过设置各种校验规则和确定校验方法，识别虚假承保、虚假理赔、重复保险和保险诈骗等行为。

其次，基于土地面积、承保情况、受灾情况、养殖信息、气象信息等各类数据、图片资源和信息资源，通过与农业保险承保和理赔数据之间的校验，挖掘出异常承保区域和常理赔区域，有效降低道德风险和逆选择发生概率。

最后，借助遥感技术和人工智能等保险科技手段，识别农作物实际播种面积、农作物实际受灾面积、农作物实际承保面积等信息，通过数据之间的比对，识别出超面积（数量）承保、夸大面积（数量）理赔、协议理赔等违规行为。

二、基于保险公司层面的建议

（一）"以人为本"，注重提高农业保险服务效率

随着金融科技、保险科技的快速发展，金融行业面临单笔融资数额巨大、资本炒作现象严重、保险科技期望过高等问题。如何规范保险科技市场，加快保险科技、保险业务和保险企业的融合，降低新型风险发生概率，成为社会、行业和百姓关注的焦点。

在农业保险领域，应进一步明晰保险"我为人人、人人为我"的服务理念，通过保险科技精准识别客户的风险敏感度、个体保险预期差异、客户满意度、业务进展程度等信息，坚持提升农业保险服务效率。互联网的发展为"移动终端"服务农业保险提供了技术支撑，可减少保险公司的人力成本，提高信息采集效率和准确度。从承保业务来看，可通过便携"移动终端"采集农户投保基本信息、识别农业基本信息、拍摄保险标的照片、绘制保险标的地理信息、确认投保电子签名；从理赔业务来看，可通过便携"移动终端"完成照片拍摄、视频录制、查勘信息收集、农业保险核赔，保证理赔的快速、精准、有效。在现代农业保险业务经营过程中，可通过保险科技的融入，打造"智慧农业保险"新型农业保险服务模式，做到智能技术与人工服务有机融合，提升农业保险服务的客户体验，更好地满足农业保险客户的风险管理诉求。

（二）"智慧农业保险"，加强保险科技人才高效培养

在农业保险业务经营的过程中，实现"智慧农业保险"的构建，攻克保险

科技领域人才短缺的难关是关键。针对差别化的保险行业人才需求，无论是进行业务开发的高端科技人才，还是业务端保险承保、理赔人员，保险企业要分层次进行人才的培养和管理，针对不同类型人才进行分层培养、激励奖励、人才储备等工作。

针对高端保险科技人才，在人才培养和奖励激励方面主要有以下几个建议：首先，保险企业结合国际保险科技发展方向制定相应公司人才培养规划，加大优秀高端科技人才培养力度，时刻掌握互联网行业和金融行业人才竞争趋势，结合公司人才培养规划和具体目标进行人才引进、人才培养。其次，为科技人才构建技术创新和产品创造的良好环境，在福利待遇、保障体系、薪资制度方面考虑科技研发、技术创新等因素，将技术创新成果纳入薪酬分配、晋升提拔等相关的企业管理制度。最后，要最大限度地发挥保险科技人才的技术优势，加大新技术研发资金投入，搭建智能研发平台，为科技人才提供发挥价值的空间。

针对基层农业保险服务人员，一要注意内部培养，"智慧农业保险"的基层工作人员，既要掌握农业保险产品特点和服务要点，又要熟悉保险科技的使用方法和故障处理，以便在农业保险服务中提高服务质量；二要注意制定多元化、分层次的内部考核奖惩机制，在考核机制制定中充分考虑职业素养、能力水平、职位等级等因素，以激发基层工作人员工作积极性。

（三）"科技为本"，建立高效快速承保和理赔机制

在"智慧农业保险"承保技术端，通过3S、物联网（电子耳标、电子项圈等）和AI等技术，实现精准承保、精准识别，有效提高承保效率，避免保险业务中的虚假承保和违规风险。以种植业保险为例，通过保险科技实现"按图承保、按图核保、以图管险"的3S的现代承保模式，实现土地确权信息、国土二调数据、土地流转信息等信息的共享，实现保险业务的"地块落地""图单联动""精确定位"；以养殖业保险为例，通过"花纹识别""智能点数""脸部识别""电子标签"等科学技术，精准进行养殖业理赔信息采集，降低虚假理赔、夸大理赔现象发生的概率。

在"智慧农业保险"理赔技术端，通过3S、物联网（电子耳标、电子项圈等）和AI等技术，可以构建种植业和养殖业高效精准的理赔业务操作体系。以种植业保险为例，可以创新"天、空、地"一体化查勘定损操作系统，"天"是指利用航天卫星遥感技术，"空"是指利用航空无人机系统，"地"是指利用地面人工调查和移动信息。在养殖业保险查勘中，应用"畜脸识别"

"花纹识别"与"AI技术"的有效融合，可以有效解决在养殖业保险中病死畜禽识别难、重复保险等问题，降低传染病人畜共染概率，提高无害化处理效率。

（四）"协同合作"，搭建新型保险科技服务平台

在"无边界"的保险科技新时代，无论是大型集团保险公司还是中小型保险公司都需要重新审视发展目标，结合行业实际、外围环境适时调整未来发展规划，以保证保险企业发展能够紧跟科技变革步伐。"无边界"的保险科技新时代意味着保险公司、科技企业和其他企业依托科学技术寻找新型服务理念、创新合作模式、谋求行业整体发展。

大型集团保险公司由于资金实力雄厚、发展历史悠久、业务经验丰富，在我国农业保险市场处于绝对领先地位。但是在"无边界"的保险科技时代，如果不能紧跟科技发展前沿，也会陷入业务下滑、核心地位不保的困境。一方面，大型集团保险公司应进一步加大科研资金投入，通过自主研发、业务创新，将科技研发成果快速转化，应用于保险经营产业链全局，提高保险公司产能；另一方面，有能力的大型集团保险公司应加大专业科研人才引进力度，在公司内部成立"保险创新实验室"或者"保险科技智能研究院"，时刻关注农业保险领域的技术创新，依托云计算、区块链、物联网等技术搭建"智慧农业保险"平台，为保险公司适时调整发展战略、顺利布局保险科技领域、继续保持行业领先优势做好充分准备。

中小型保险公司因为规模小、资金受限，在科技研发、人才引进和产品推广方面处于弱势地位，更应该深刻分析科学技术对保险价值链和风险池的影响，寻求多渠道发展模式。模式一：与第三方科技服务企业合作模式，借助彼此的核心竞争优势，通过科技赋能提升中小型保险公司的市场竞争力。模式二：中小型保险公司联合发展模式，"共同出资、协同发展"组建科技研发和推广平台，紧跟保险科技发展潮流，深入挖掘行业发展潜力，夯实"协同发展"。唯有如此，中小型保险公司才能提高服务效率和质量，在农业保险乃至其他险种领域逐渐抢占更多的市场份额，实现业务发展的"弯道超车"。

三、基于保险科技服务企业层面的建议

（一）保险科技服务企业为保险产品的创新提供数据基础

保险产品开发离不开费率的精算、责任准备金的提取。农业保险的费率精算基于长期的农业损失数据，但是由于我国缺乏长期连贯的农业损失数据，农业保费费率精算一直是制约农业保险发展的重要因素。保险公司由于各方面因素的限制，不可能掌握大量的精算数据，要想在农业保险产品开发、费率厘定上更科学、合理，做到风险和险种的匹配、风险和标的的匹配，需要科技企业的支持、科学技术的助力。比如，在保险公司开发气象类农业保险产品的同时，就需要大量降雨、温度、风速等气象信息，这些数据需要由气象部门、土地部门、科技部门提供，科技服务类企业为保险产品的创新提供了数据基础。

（二）保险科技服务企业为保险业务的完善提供技术支撑

目前基于农业保险，保险科技服务企业可以提供的支撑技术主要有 5G 技术、3S 技术、AI 与物联网技术、遥感技术等。比如，区块链技术的应用主要有养殖业保险的开发，农业保险通过智能理赔条件的设置，将投保畜禽与病死畜禽进行实时对比分析，从而实现养殖业保险的精准理赔；在利用遥感技术对种植业保险风险分析、损失预警、损失测绘的过程中，通过和第三方科技公司的合作，可以极大地降低遥感技术应用成本，提高遥感技术的应用纵深度。

（三）保险科技服务企业为保险费率动态调整提供精算模型

农业保险产品的开发和创新离不开数据支撑和精算定价，科技保险要加大与气象部门、土地部门、科技部门的合作，借助天气指数跟踪、地质灾害检测、土壤墒情监测、农产品价格预测等科学技术助推农业保险产品和服务创新；随着气象、产量、灾情、保险理赔等大数据日益与农业保险融合，全球财产保险公司已开发基于多源数据的农作物生产风险精算模型，实现主要农作物品种（小麦、玉米、水稻、大豆）在不同地域的差异化风险评估，以此建立科学的保险费率动态调整机制，制定基于地区风险差异的不同保险定价，既能有效激发各地区农民和不同类型生产者的投保积极性，又能协助保险公司持续提高核心竞争力。

第十一章　乡村振兴背景下农业保险高质量发展前景展望

第一节　乡村振兴背景下农业保险面临的问题及内外环境

从 2007 年到 2022 年，我国农业保险经历了 16 年的起伏沉落，保费规模已经位居世界第一。回顾历史，农业保险经历了保费补贴、险种创新、费率调整、技术革命等不同发展阶段，我们已经积累了丰富经验，构建了多险种补贴体系，探索了不同农业保险经营模式，走过了精准扶贫、产业扶贫道路，形成了全面、多元、科技的发展全局。

2022 年中央一号文件提到完善棉花目标价格政策，探索开展糖料蔗完全成本保险和种植收入保险，实现三大粮食作物完全成本保险和种植收入保险主产省产粮大县全覆盖，以及积极发展农业保险和再保险，优化完善"保险+期货"模式等基本内容。

结合 2022 年中央一号文件，农业保险高质量的发展道路在何方？农业保险如何进行发展目标的提升和补贴方式的完善？农业保险如何助力"三农"发展和乡村振兴？农业保险作为一种政府主导下的市场化风险分散机制，如何优化完善"保险+期货"模式，如何发展农业保险和再保险？这必将是关系农村稳定、国计民生的重要课题。其实在科技助力农业保险的发展道路中，我们已经进行了多方面的尝试、探索，但是与发达国家的科技应用水平还有一定差距，看清楚差距，找准发力点，迎接农业保险的高质量发展才是重中之重。

一、乡村振兴背景下我国农业保险面临的问题

在新中国成立之初，我国保险公司就开始经营农业保险，但由于经营模式的商业化与农业保险政策属性违背，一直处于保费规模的低位徘徊，直到 1953 年停办都没有取得很好的发展。1982 年开始重新恢复国内各项保险业务

之后，由于缺乏中央财政支持，加上农业经济发展水平受限，农业保险的发展一直没有太大起色。为了发挥农业保险对农业生产风险分散、损失补偿的作用，2007年我国开始了对农业保险保费补贴的历程，随着财政支持力度的加大，农业保险也逐渐成为财产保险公司保费收入前三的重要险种。历经15年的发展，我们虽然取得保费规模增长、赔偿金额提升、保障险种增多的成绩，但一些问题也逐渐浮出水面，主要表现为市场不完全竞争导致的供给不足、市场多重信息不对称导致的有效需求不足、市场的高交易成本导致供需失衡、市场的系统性风险制约供给规模，其中最主要的就是农业保险制度严重落后于农业生产发展的实际需要。

（一）农业保险缺乏完善的立法支持

农业保险的发展离不开完善的法律法规体系，欧美国家在农业保险发展过程中取得突出成绩的原因之一，就是不断完善农业保险法和配套法律法规。我国在这方面还有待完善，除了中央颁布的《中华人民共和国保险法》和《农业保险条例》以及相关涉农文件中提及农业保险，没有专门的农业保险法出台。由于在法律层面缺乏长效机制的保障，农业保险在不同地区发展水平不一、发展程度不同，不同利益主体在博弈过程中成本过高、效率低下，极不利于未来农业保险的高质量发展。

（二）农业保险缺乏充足的经营主体

我国农业保险在财政补贴之前，主要是商业保险经营模式，由于农业风险复杂、农户缴费能力偏弱等因素，农业保险市场供给主体缺乏。截至2021年底，全国经营农业保险的机构达到了35家，我国农业保险的经营格局已经形成"5+6"模式，5是指5家综合性财产保险公司，6是指6家专业性农业保险公司。虽然全国有38家保险公司经营农业保险业务，但在农业保险经营实际中，每个省将政策性农业保险经营主体控制在3家以内，虽然限制了恶性竞争，但导致农业保险市场竞争不充分，服务水平、产品水平不高。

（三）农业保险保障水平偏低、保险险种偏少

一个国家的农业保险保障水平的高低、农业保险险种的多少、农业保险责任范围的宽窄关系着一国农业保险发展水平和农民实际受到保障的水平。我国的农业保险险种主要围绕大宗农产品、主要牲畜开展，险种类别偏少；大部分农业保险的保险金额只涵盖基本物化成本，保障水平有待提高；农业保险的保

险责任主要是自然灾害、意外事故，对农户影响较大的价格风险、收入风险、环境风险没有涵盖在内。从乡村振兴发展来看，从我国实现"双碳"目标来看，农业保险的发展仍任重道远。

二、乡村振兴背景下农业保险内外环境的变化

（一）宏观环境的变化

1. 乡村振兴与美丽乡村建设的需求

在乡村振兴发展战略背景下，加强新型农村建设，构建美丽乡村，成为我国"三农"工作的重点工作。中共十六届五中全会提出了美丽乡村建设的目标——"生产发展、生活宽裕、乡风文明、村容整洁、管理民主"，"乡村振兴"和"美丽乡村"的建设离不开现代农业发展、农村基础设施建设、农村保障体系完善。在"美丽乡村"建设过程中，必然会产生围绕基础设施建设、新型农业生产、健康意外保障等方面的新型风险，这些风险得到有效的转移和分散，才能为"乡村振兴"和"美丽乡村"发展助力，才能分散农村基础设施建设风险，转移农村家庭人身财产风险，为农业生产提供全产业链风险保障，提高农民新型农业生产风险抵御能力，提高农民收入和农民生活质量。

2. 转型发展与特色农业发展的需求

首先，目前我国农业处于转型发展时期，正从传统农业向现代农业转型，从小农生产向集约生产转变。国家高度重视农业和农业保险的发展，2012年颁布《农业保险条例》，对我国农业保险的性质、特点和经营原则均做了法律层面的规范。它是我国第一部专门的农业保险法律法规，它的颁布标志着我国农业保险发展进入规范化、法制化道路。其次，2018年开展的"乡村振兴"战略，以"土地流转"和"三权分置"改革为显著标志，在这一改革背景下，标志着农村生产向集约化、规模化、机械化的转型发展，以及新型农业经营主体的不断发展。再次，随着农业生产方式的转变，在提高农民收入和加快农村发展的背景下，必然促进特色农业发展。特色农业生产意味着新型的生产方式、新型的种养技术要求、新型的农业经营方式，"提高农业风险保障能力"系列政策的推出，不仅为我国农业创造了广阔的发展空间，更明确了新型农业生产的发展方向。

(二) 生产方式的转变

1. 机械化、规模化发展的转变

《乡村振兴战略规划（2018—2022年）》第十二章提出提升农业装备和信息化水平，加快主要作物生产全程机械化，提高农机装备智能化水平。随着乡村振兴战略的推进，我国农业发展呈现机械化、规模化、集约化趋势。国家为支持农业生产的转型发展，先后出台多项支农惠农政策，比如农机具购置补贴、良种补贴、种粮补贴等，播种机、收割机、初级加工机械等大中型机械使用数量大幅增加，我国农业生产机械化水平、规模化不断提高，对农业保险的险种结构、承保风险提出了更高要求。

2. 一二三产业深度融合的需求

《乡村振兴战略规划（2018—2022年）》第十六章提出，推动农村产业深度融合，培育农业农村新产业新业态，打造农村产业融合发展新载体新模式，推动要素跨界配置和产业有机融合，让农村一二三产业在融合发展中同步升级、同步增值、同步受益。重点解决农产品销售中的突出问题，加强农产品产后分级、包装、营销，建设现代化农产品冷链仓储物流体系；实施休闲农业和乡村旅游精品工程，建设一批设施完备、功能多样的休闲观光园区、森林人家、康养基地、乡村民宿、特色小镇。随着农村一二三产业的融合发展，农业生产的前端和后端将会深度融合，实现农业"全产业链"的生产和服务，提高农产品的附加值，提高农民的收入，这就会激发新型全产业链农业保险产品的开发，农业风险将涵盖农产品运输、加工、销售、餐饮和旅游各个环节，对应开发农产品仓储运输保险、农产品初级加工保险、乡村旅游保险、农产品质量保证保险等。

(三) 风险需求的变化

1. 新型农业经营主体的实际需求

《新型农业经营主体和服务主体高质量发展规划（2020—2022年）》指出，到2022年，家庭农场、农民合作社、农业社会化服务组织等各类新型农业经营主体和服务主体蓬勃发展，现代农业经营体系初步构建，各类主体质量、效益进一步提升，竞争能力进一步增强。新型农业经营主体的发展是我国乡村振兴效果的重要指标，大力发展新型农业经营主体不仅为我国农业现代化、机械化提供保障，更是实现我国农村经济建设、实现农业现代化、提高农户收入的重要举措。

新型农业经营主体在种植规模、种植技术、产品加工、生产服务等方面均会有极大提升，他们将会有价格收入保险、农产品责任保险、蔬菜大棚种植保险、特种养殖保险、雇主责任保险等保险方面的需求，对高保障水平、全方面保险责任的保险需求将会增加。

2. 土地流转下实际风险需求

土地流转背景下，我国一些地区已经完成农村土地承包经营权确权登记颁证工作，总体上确地到户，逐步推动确权承包和基本农田划定工作。首先，在土地确权背景下，探索推进土地承包权和经营权分置试点并进一步开展"三权分置"试点，推进土地经营权和使用权向金融机构抵押融资。其次，采取财政奖补等措施，扶持多种形式的适度规模经营发展，引导农户依法采取转包、出租、互换、转让、入股等方式流转承包地。最后，农村土地确权和流转工作增加了新型农业经营主体对农业保险的需求。土地确权也解决了保险公司普遍反映的农业保险承保基础数据质量不高、权属不准、数据不真等问题，进一步完善了基础信息和数据管理系统，为农业保险发展提供可靠的基础保障。

（四）保险科技的应用

保险科技的应用促进了整个保险行业的发展，也为农业保险的发展提供了新的契机和新的动力，推动农业保险向高效、精准、科学、创新与智能的方向发展，为农业保险的高质量发展提供更多可能。

1. 高效性

保险科技发展将提高传统农业保险的经营效率，实现农业保险高质量高效率的发展。传统农业保险面临着成本高、效率低、风险高、体验差等诸多经营痛点，通过3S技术、移动作业、AI与物联网技术、遥感技术在农业保险的广泛应用，将极大地降低农业保险经营成本，实现农业保险"扩面、增品、提标"的高质量发展目标。

2. 精准性

保险科技发展将真正实现农业保险承保、理赔的精准服务。传统农业保险在承保端、理赔端经常会出现虚假承保、重复投保、虚假理赔、理赔效率低等不规范行为，3S技术可以实现"承保地块"和"理赔地块"的比对，有效减少虚假承保；遥感技术可以协助保险公司提高风险管理水平，将损失控制在发生初期，提高保险公司风险管理效率；AI算法将数字身份信息与采集的数据进行现场比对，提高理赔时效。保险科技的应用促使农业保险更加精细化、精准化。

3. 科学性

保险科技将改变农业保险缺乏精算数据的现状。传统的农业保险精算定价因受到数据和模型的极大限制而缺乏科学性，农业保险费率与实际农业风险并不匹配。在大数据支撑下，依托信息技术数据共享平台，凭借政府、行业、企业数据的有效共享，卫星遥感大数据、气象大数据、物联网大数据等的汇集，通过大量的数据深度挖掘和人工智能算法，农业保险精算定价将更加科学、精细和个性，未来的农业保险产品将实现按图定价和按户定价，甚至按地定价。

4. 创新性

保险科技将实现农业保险产品和服务的不断创新。我国农业保险产品体系在科技的支撑下将会实现多元化的提升，在现有成本保险、产量保险的基础上进行更多价格保险、收入保险的创新和探索，围绕"双碳"目标的实现，将会有更多节能环保保险的开发和设计，比如地力指数保险、土壤墒情保险、环境污染责任保险等。我国农业保险的服务体系也将会不断丰富和完善，实现投保和理赔线上操作、智能风险预警、跨行业金融保险一体化服务，构建农村农业保险一站式线上服务体系。

5. 智能性

保险科技有效实现农业保险服务的智能化、场景化，AI服务将成为未来农业保险高质量发展的一大亮点。"智能识别""智能承保""智能理赔""智能客服"将极大地提高农业保险服务效率，提高农户的体验感和获得感，丰富农业保险的服务类型，构建"前端+中端+后端"一体化服务体系，充分释放人力资源，使农业保险服务更加智能化和场景化。

第二节 乡村振兴背景下科技助力农业保险高质量发展展望

我国农业保险经过十几年快速发展，取得了世界瞩目的成绩，农业保险保费规模已经全球排名第一，但是与美国、加拿大等农业保险发达国家相比，我国农业保险的发展程度还有待提高，农业保险财政补贴制度还有待完善，农业保险还需要不断地改革、创新和完善，以符合乡村振兴和现代农业发展需求。

第十一章 乡村振兴背景下农业保险高质量发展前景展望

一、不断完善农业保险配套法律法规制度

2012年12月国务院颁布了《农业保险条例》，2016年2月又进行了修订，这是一部有关农业保险的专门法律条例。条例明确了农业保险的概念、基本性质、基本原则，并对农业保险合同、经营规则及违法违规等法律责任进行了明确规定，为农业保险的运行提供了法律依据，为我国农业保险的有效运行提供了相应法律保障。

尽管《农业保险条例》对农业保险发展的基本事项进行了法律规定，但我国农业保险发展的外部经济环境、社会环境、科技环境、自然环境均发生了重大变化，新型农业经营主体实际需求与农业保险产品提供不足的矛盾，农业保险巨灾风险突出和大灾风险分散机制不健全的矛盾，均要求现有政策性农业保险应该尽快适应新的形势和新的发展需求，尽快符合"法治社会""乡村振兴""美丽农村"建设发展的需求。从国家层面来说，在《农业保险条例》颁布之后更需要专门的农业保险法出台，对农业保险相关的法律法规进行更全面、深入的规范。

（一）界定法律调整对象

按是否获得中央财政补贴进行划分，农业保险分为政策性农业保险和商业性农业保险。农业保险法的界定对象为政策性农业保险，而商业性农业保险仍由《中华人民共和国保险法》规范。农业保险法应对政策性农业保险的范围、发展目的、发展原则及合同特殊性等内容进行明确规定。政府部门应该在农业保险法中明确保险科学技术在农业保险的应用操作规范，尤其针对保险科技中的智能合约的法律效力问题进行规范，同时应进一步明确科技公司是否有对损失程度进行鉴定的权限，确保农业保险合同发生纠纷时有法可依。

（二）明确财政支持政策

财政部颁布的《中央财政农业保险保险费补贴管理办法》是部门章程，具体规定了有关农业保险保费补贴的管理办法，相较专门的农业保险法律，对农业保险的经营机构和广大农户的保护力度不足，建议尽快出台农业保险法。首先，通过法律明晰中央、地方各级财政的补贴职责，提高财政资金补贴效率；其次，通过农业保险法确定我国农业保险的经营目标，将我国农业保险经营目标提高到促进乡村振兴、提高农户收入层面上；最后，结合我国农业保险实际

情况增加农业保险税收优惠政策、再保险资金安排、经营管理费用补贴等内容。

（三）强化农业保险监督管理

农业保险的健康有序发展离不开科学合理的监督管理体系的建立，在我国农业保险发展过程中应尽快建立农业保险监督管理体系。首先，通过农业保险法明确农业保险监督管理主体的职责、范围和流程；其次，借鉴国外农业保险监督管理办法，尽快成立专门的农业保险监督管理机构，通过专门的农业保险监督管理有效杜绝混合监管的利益冲突和监管空缺，提高农业保险的监督管理效率；最后，在监管内容方面，尽快出台更为严格的农业保险经营机构准入与退出政策，对政策性农业保险经营主体，包括保险人、投保人、协保员、地方政府在内的行为规范、违法行为及法律责任进行具体规定，强化农业保险的监督管理责任，减少农业保险经营过程中的违法违规行为。

（四）完善风险分散机制

农业保险的风险和一般的财产保险相比有很大的差异，因为农业风险的周期性长、巨灾属性大，从国家层面统一建立农业保险的巨灾风险分散体制迫在眉睫。借鉴美国、加拿大农业保险经营经验，首先，从中央层面需要对农业保险进行再保险费用的划拨；其次，尽快建立多级财政支持的农业保险巨灾风险分散基金；最后，明确规定农业保险的资金来源、资金运用、启动阈值和启动程序，积极探索"保险+期货"、巨灾债券或巨灾彩票等多种形式的巨灾融资手段。

二、继续强化农业保险支农惠农保护措施

世界贸易组织《农业协定》按照国内农业支持政策对贸易扭曲的程度，将国内农业支持政策分为绿箱政策、黄箱政策、蓝箱政策和发展箱政策。随着经济全球化进展，我国频繁参与国际化分工协作和全球化合作竞争，成为全球一体化发展中不可或缺的力量。在全球化进程中机遇和挑战并存，在各个行业的共同发展过程中，如何强化我国农业保险的国民基础地位和国际竞争能力，成为尤为重要的国家事项。应针对我国政策性农业保险与绿箱政策规定间差异尽快出台发展方案，在保证农业保险获得支持的同时最大限度地规避 WTO 相关政策约束。

三、尽快成立专门的农业保险管理机构

政策性农业保险的经营和管理，横向来看涉及财政部门、农业农村部门、银保监管部门、气象部门、防疫部门、保险公司等不同部门，纵向来看涉及中央、省、市、县、乡等不同层级政府管理部门，在农业保险工作开展过程中涉及多个部门、多个层级的协调和沟通。

各级部门需要协调和沟通。从中央层面来看，财政部负责制定农业保险财政补贴政策，进行农业保险财政补贴资金的发放，构建农业保险巨灾风险分散制度；银行保险监督管理委员会负责审批农业保险主体的市场准入退出、农业保险条款的审批和备案、农业保险合规经营监管等工作；农业农村部门负责疾病防疫工作、农业种养技术支持、农业保险工作推进等工作。

目前，在中央政府层面，财政部门负责制定农业保险财税支持政策、划拨财政资金对保费予以补贴、制定农业保险巨灾风险分散制度等，银保监部门负责审批农业保险市场准入、条款审批备案、业务监管及合规检查等，农业农村部负责农业保险组织推动、开展疫病防治以及提供农业技术支持等。从农业保险负责省级部门来看，为了"协同推进"农业保险工作，成立了农业保险工作领导小组或建立农业保险联席会议制度，由本省主管农业的副省长担任组长，由当地财政部门牵头，涉及农委、发改委、金融办等多个部门的协调。

我们可以借鉴美国成立国家层面的农业风险管理局（RMA），它的职责有农业保险发展规划的顶层设计、农业保险工作的协调推进、农业保险工作的监管等。RMA的具体职责有：制定农业保险中长期发展规划，进行农业保险数据的搜集和整理，进行农业保险产品的研发、设计、费率厘定，制定农业保险承保、查勘、定损、理赔的操作规范，制定农业保险补贴方案，对农业保险进行保费补贴和经营管理费用的补贴，对农业保险进行巨灾风险和再保险支持。

四、优化完善农业保险高质量发展目标

2022年中共中央、国务院发布的《关于做好2022年全面推进乡村振兴重点工作的意见》进一步指出，从容应对百年变局和世纪疫情，推动经济社会平稳健康发展，必须着眼国家重大战略需要，稳住农业基本盘，做好"三农"工作，接续全面推进乡村振兴，确保农业稳产增产、农民稳步增收、农村稳定安宁。

从我国农业保险实践发展的角度来看，农业保险的发展目标应该紧密围绕中央政府和地方政府的农业产业发展目标来制定，围绕农业供给侧结构改革、绿色农业、乡村振兴、实现"双碳目标"、加快农业现代化建设等方面来细化，通过农业保险发展目标的优化和完善尽快提高我国农业创新力、竞争力，实现现代化农业的全要素生产，加快我国由农业大国向农业强国转变。

具体到操作层面，我国农业保险的发展应该围绕"乡村振兴""农业现代化发展"的总体战略目标，突出体现"农业农村现代化""保证国家粮食安全""促进农民收入稳步增长""增强农产品国际竞争力""促进农业绿色发展"等具体目标。在农业保险总体目标背景下进行农业保险宏观制度改革和微观经营提升，尽快出台专门的农业保险法，提升农业保险法律支持力度，成立专门农业保险监督管理机构，制定中长期农业保险发展规划，优化农业保险保费补贴制度，构建农业保险巨灾风险分散机制，实现农业保险的高质量发展。农业保险的发展应全面融入实现第二个百年奋斗目标的大格局之中，构建全方位、多层次、科技化的农业保险产品服务体系，实现农业保险机制与乡村振兴战略的深度融合。

五、深入落实"增品、扩面、提标"发展任务

农业保险是农业支持保护政策的重要组成部分，现代农业的发展离不开农业保险的有效保障，农业保险效用的发挥对农业现代化发展起着重要支配作用。如果不尽快调整农业保险的发展目标、提高农业保险的经营效率、解决农业保险发展的突出问题，就会从根本上影响农业供给侧结构性改革的发展，甚至影响我国"三农"发展和农业现代化发展进程。

具体来说，未来农业保险发展的主要任务是"增品、扩面、提标"。

"增品"主要是基于现有中央财政补贴的农业产品品种，再继续增加地方特色农产品的补贴品种，积极进行收入类保险、价格类保险的推广。依托现有的种植业品类（包括林业）、养殖业品类和其他涉农产品的财政扶持目录，在科学严谨论证的基础上，不断扩展新的险种。

"扩面"指的是围绕现有的农作物产品如粮、棉、油、糖等，以及林业产品和畜牧业产品（如生猪、奶牛、羊等），持续增加保险覆盖率或者投保率，做到应保尽保。与此同时，也应该提升其他特色农产品的覆盖率，保障地方特色农产品生产和相关产业长期发展。

"提标"则是提升农业保险的服务质量标准。服务质量标准的提升应该从

多角度多方面考虑。首先，对农业保险提供的服务要从符合国家乡村振兴战略的角度出发，能够符合农业现代化发展进程，能够满足不同农村消费者的多样化需求。其次，农业保险产品提供的服务应该能够满足农户对于农业风险管理的需求，以及实现相关的救灾制度目标。最后，农业保险提供服务的结果能够达到经营的预期目标，实现预期的效率和效果，具体来说就是农户、政府和企业三方均满意。

（一）增加中央财政农业保险保费补贴品种

增加中央财政农业保险保费补贴品种是保障农业保险高质量发展的任务之一，在探索我国现代农业保险发展模式过程中以及促进乡村振兴战略中发挥着重要作用。中央财政农业保险保费补贴品种应在目前16个品种的基础上继续增加畜牧业、水产养殖、蔬菜瓜果等特色农业保险品种，将量大面广、需求较多的品种纳入中央财政补贴范围。

1. 适当扩大畜牧业品种

肉牛、肉羊、肉鸡等畜禽产品是百姓菜篮子的重要品种，约占肉产量的35%，消费增长趋势明显，在部分地区还是主要消费产品。河北省人保财险在阜平、隆化、唐县等地开展了肉牛、肉羊保险的试点工作，取得了支农惠农、精准扶贫的良好效果。肉鸡保险因为风险大、损失高，目前在全国推广还存在一定困难，建议可将肉牛保险纳入中央财政农业保险保费补贴范围。

2. 将水产养殖纳入中央财政补贴范围

青鱼、草鱼、蛆鱼、蛎鱼、鲤鱼、鲫鱼和蝙鱼是淡水养殖的主体，目前产量占全国淡水养殖鱼类总产量的78%左右，尤其在一些水产养殖大省，具有较强的农业保险需求。但是由于水产养殖保险经营难度较大，鱼虾病死率很高，加上缺乏财政补贴支持，很难进行有效推广。为了提高对广大水产养殖户的风险管理水平，建议我国在养殖规模大的地区开展水产养殖保险的保费补贴。

3. 将重点水果品种纳入补贴范围

我国是果品生产和消费大国，果品的生产、销售、加工和运输关乎着农民的实际生产收入，关乎着农民的切身利益。

我国大部分果品生产区域自然条件差、灾害频发，果农经常面临低温冻害、病虫害等灾害侵袭，对农业保险有强烈的需求。但因为各地财政实力不同，部分山区缺乏足够财政补贴，无法对地方特色果树保险进行有效补贴，政策性保险发展受阻。2019年河北省阜平县开展了高效林果保险，为果树的生长和水果的产量提供一定的保障，进行了地方果品保险的创新与探索。对于全国范围的果品保险，建议将水果种植面积或产量占全国前三的水果纳入中央财政补贴范围，在优势区全面启动和推广农业保险。

（二）扩大特色农产品保费补贴品种

《乡村振兴战略规划（2018—2022年）》第十二章第三节提出"壮大特色优势产业"，以各地资源禀赋和独特的历史文化为基础，有序开发优势特色资源，做大做强优势特色产业。实施产业兴村强县行动，培育农业产业强镇，打造"一乡一业、一村一品"的发展格局。

随着乡村振兴战略规划的执行，地方特色优势产业的不断发展，农户势必会增加对特色农业保险产品的需求。按照"中央保大宗、地方保特色"的经营原则，地方政府要加大对当地优势特色农业保险补贴的力度，积极推进"以奖代补"政策，对当地形成规模、种养规模较大、形成一定产业的农业进行保费补贴。例如，2015年河北省阜平县推出食用菌保险，积极探索"保险+农户+合作社"的合作模式，通过开发地方特色农业保险产品起到产业扶贫、产业振兴的重要作用。

（三）优化农业保险以奖代补政策

具有地方优势的农业保险一般是指中央财政补贴大宗农产品之外的，和本地农业产业发展紧密相关的农业产业保险，主要分为四种：第一种是围绕当地蔬菜、瓜果、茶叶、食用菌和特色养殖产业开展特色农业保险，探索保价格、保收入的高保障农业保险；第二种是为农业生产机具、设施农业等提供保障的农业装备设施类保险，该类保险能够对农业生产机械化保驾护航；第三种是农产品责任保险、农产品质量保障保险、土壤墒情保险、地力指数保险等为农业生产提供更高层保险的特色险种，尤其在我国大力发展"绿色农业"的背景下，能促进我国农业绿色健康发展；第四种是小额贷款保证保险等为产业农业提供资金支持的融资类保险。

地方特色农业保险的发展需要中央加大对地方"以奖代补"政策支持力度，通过该项政策的执行促进地方特色产业发展，为产业振兴、乡村振兴助力。建议中央财政分东部、中部和西部分别给予10%~30%的奖补，按照目前的补贴规模，中央财政适当增加"以奖代补"保费补贴力度，农业保险的品种将会迎来小幅度增加。

（四）发展收入类农业保险险种

从收入类保险国际发展经验来看，收入类保险主要包括完全成本保险、价格保险、"保险+期货"等试点中的准收入保险。收入类保险产品的开发主要是为了解决我国农业保险产品产品种类少、保障程度低、保障责任小的发展难题。以美国"保险+期货"收入类农作物保险发展经验来看，收入类保险在提高农民收入、促进农业稳步增长方面发挥了极其重要的作用。未来在我国出台有关农业保险高质量发展文件的背景下，我国农业保险的产品体系也将逐渐从"保成本""保产量"向"保价格""保收入"转变，通过这一转变稳步实现农业保险高质量发展目标。

（五）建立多层次农业保险产品体系

2018年中央一号文件提出"尽快建立多层次农业保险体系"，党的二十大的报告提出"坚持农业农村优先发展""加快建设农业强国""确保中国人的饭碗牢牢端在自己手中"。目前，我国农业生产呈现出小农经济和新型农业经营主体并存的"二元化"经营特征。首先，小农经济的农业经营方式在我国农业生产中占据主导地位。农业部门数据统计显示，截至2016年底，我国农户户均承包耕地仅为0.3公顷左右。耕地经营规模在3.3公顷以下的农户占农户总数的97%左右。其次，在乡村振兴战略背景下，以集约化、规模化为特点的新型农业经营主体正在崛起，规模农业经营户和农业生产经营单位（新型农业经营主体）实际耕种面积已达全国实际耕种总面积的约30%，规模农业中生猪和禽类达到了全国的60%和70%，这些占比还在持续不断地增加。

新型农业经营主体是相对于传统农业经营主体（经营几亩地的小农户）而言的，其经营规模较大，收入水平更高，规模化、集约化、专业化、市场化和社会化程度更高。在农业保险产品需求层面，小农经济和新型农业经营主体也表现出不同的生产特点、风险态度和保险需求。小农经济的农户规模小、机械化程度低、风险管理意识差，一些农户还兼职从事其他工作，农业生产收入在家庭收入中占比较低，对农业保险的需求程度不高。新型农业经营主体种植或养殖的规模比较大，对农业损失呈现出风险厌恶态度，对农业保险有较强的购买需求，有意愿有能力承担较高的农业保险保费支出。但目前的农业保险产品大多是"保成本"和"保产量"的类别，无法满足新型农业经营主体较高的农业保险需求（收入方面、责任方面、农业产品质量方面等）。

我们可以借鉴美国、加拿大农业保险发展的经验，设计出多层次、全方位的农业保险产品保障体系：一是设计国家补贴全部保费、普惠性"基本险"，为重要农作物的所有生产者提供最基本的风险保障，通过普惠性保险的普及一方面提高农户投保积极性，另一方面降低保险公司开展农业保险收取保费的成本压力。二是设计高保障水平的"附加险"，允许农业生产者在"基本险"的基础上自愿决定"附加险"的购买。"附加险"一般是价格类、收入类、责任类、质量保证类保险，国家可以根据财力情况进行保费补贴，保费补贴比例可以适当调低。

六、持续改善农业保险市场经营环境

（一）提高保险公司经营布局

商业保险公司在农业保险市场经营布局的过程中，要兼顾农业保险的政策属性和商业化经营方式，如果仍按照商业保险的经营方式布局农业保险，就会产生很多困难。在农业保险经营的过程中，要兼顾政府、公司和农户三方的利益。政府作为政策制定方、财政支持方、保费补贴方，对农业保险的经营要有既定的政策目标，只有实现了支农惠农目标，才能保障农业保险的长久发展。公司作为农业保险的经营方、组织方，不能仅仅将经营目标放在获得最大利润上，不能通过严格控制赔款和赔付率的方式保障利润增长。作为农业保险中的投保方，广大农户直接通过保险公司的经营感受到农业保险的支农效果，如果保险公司承保、理赔效率不高，会直接影响农户投保的积极性。

保险公司在经营农业保险的过程中，要树立与商业性保险不同的经营理念，根据政府农业保险发展规定制定保险公司农业保险业务经营规划。在具体经营过程中摒弃"追逐利润最大化"的单一发展目标，要立足于服务农业、服务农民、服务农村战略，以维护农民利益、减少农业风险损失作为工作的重要原则，开发出多元化农业保险产品服务体系，做好农业保险的承保和理赔工作，提高农业保险的经营效率，切实发挥政府支农惠农政策效果，助推"产业振兴"，实现"乡村振兴"，在履行保险公司社会责任的同时也实现保险公司的整体提升发展。

（二）规范农业保险市场秩序

从农业保险发达经营主体看，各国对农业保险均实行严格的市场准入和退出，比如美国政府授权联邦农作物保险公司（FCIC）进行审批，加拿大各省由国有的农业保险公司专营。我国农业保险的发展现状是各类主体和资本纷纷进入农业保险市场,短期内可能造成市场监管的不到位和缺位。由于农业保险经营的特殊属性,在资本结构、偿付能力、准备金提取等方面的要求均高于商业保险,我们应充分借鉴美国和加拿大农业保险市场经营经验,规范市场竞争,制定准入退出机制。例如,提高农业保险准入市场条件,核心偿付能力充足率不低于150%,开办业务的县域应有不低于30%覆盖率的基层服务网点。

监管部门在审批时可以考虑将农业保险险种与地域特点相匹配,保险公司在国家鼓励的高风险业务或创新型业务达到一定规模后方可获得其他优质业务。同时,要建立以合规经营和服务能力为核心的动态考评机制。对于不符合考评条件的,依法采取责令整改、停业整顿或者吊销业务许可证等措施,确保经营主体持续长期开展农业保险布局,防止"短视"的农业保险经营行为。

(三) 提供强有力的产品精算支撑

未来要想高质量发展农业保险业务,提高农业保险的承保、理赔效率,就要充分发挥保险公司在产品研发、费率定价、精算管控方面的专业优势。建立科学的费率厘定和审核机制,赋予保险公司产品开发和精算定价的自主权,强化农业保险统颁条款的精算支撑,提高农业保险费率厘定的精准性和农业保险经营的稳定性。在农业保险费率厘定的过程中保障费率厘定准确,首要任务就是银保监管部门应该尽快会同农业农村部门、财政部门开展农作物风险费率区域划分研究工作,逐步建立科学规范的保险费率动态调整机制,根据地区风险差异,合理确定费率水平,真实反映农业生产风险状况,维护各方利益,保障农业保险可持续发展。

(四) 建立农业保险综合信息平台

建立全国统一的农业保险信息管理系统,通过该系统整合财政、农业农村、保险监管、林业草原等部门以及保险公司的涉农数据和信息,动态掌握参保农民和农业生产经营组织相关情况,从源头上防止弄虚作假和骗取财政补贴资金等行为。首先,实现保险信息与补贴信息、征信信息、土地确权信息、气象信息共享。增加农业、气象、地质、水文等监测站点布局密度,加强农业基础数据、灾害风险数据的收集积累,提高农业保险承保、查勘精准度,同时降低农业保险经营成本。其次,通过全国保险信息管理系统建立小麦、水稻、玉米等主要农产品价格数据的收集、反馈和统计平台,为农业保险大数据经营积累必备条件。再次,在该系统中及时发布农业保险有关政策、险种信息、财政补贴、气象信息、惠农政策等，为农民提供政策咨询、投保理赔、灾害预防等相关服务。最后，尽快在地方（县、市）实现新型农业经营主体的生产经营、土地流转、农机服务、融资贷款、财政补贴等动态信息的网上采集、查询功能。建立健全能够真实反映新型农业经营主体经营状况、采集投保信息并查询的系统，为增加价格保险、收入保险等农业保险产品创新和供给提供条件。

七、科学构建农业保险大灾风险分散机制

（一）保险公司层面的大灾风险准备金

对于农业保险面临的大灾风险，保险公司可以承担年赔付率150%及以下的损失赔偿，以确保公司经营稳定。大灾风险除了保险公司自担部分以外，还可以寻求共同保险、再保险进行多渠道风险分摊。除此之外，按照财政部发布的《农业保险大灾风险准备金管理办法》，保险公司可以按照农业保险保费收入和超额承保利润的一定比例计提大灾准备金，专项用于农业大灾风险损失补偿，通过再保险和大灾准备金两项措施在一定程度上对大灾风险进行分散，提高保险公司经营稳定性。

（二）省级政府层面的大灾风险基金

对于超过保险公司承担范围的损失补偿需要在省级层面建立大灾风险基金，对保险公司在150%~300%的损失补偿责任提供资金保障。省级层面大灾风险基金的筹措方法有三种：第一种，省级政府按照上年度农业GDP的一定比例提取形成省级农业保险大灾风险基金；第二种，政府和保险公司共同出资成立大灾风险保障基金；第三种，完全由地方各家保险公司筹集，每年从保险费收入中提取一部分形成大灾风险基金池。

（三）中央政府层面的大灾风险基金

超出保险公司和省级大灾风险基金承受能力的大灾损失，可以在中央层面建立农业大灾风险基金，对保险公司一定程度的赔付率（如300%~500%）的损失责任提供资金支持。中央级农业保险大灾风险基金的资金筹集需要考虑两个问题：第一，结合地方政府具体财政实力，可以灵活调整中央和地方对大灾风险的损失赔偿比例，对于农业大省和中西部地区中央政府可以多承担一部分损失分摊；第二，中央级农业保险大灾风险基金的资金来源可包括财政拨

款、农业保险公司税收减免部分及财政部委托专门机构发行农业巨灾彩票等。

（四）资本市场或其他融资

对于上述三层次资金仍不能满足的巨灾赔偿责任，可由保险公司或再保险公司在资本市场上发行巨灾债券、向政策性金融机构借款等方式筹集补偿资金。

八、科技创新助力农业保险服务水平提升

各经营主体应当加快农业保险科技的应用步伐，创新服务手段，提升服务效率和服务能力，聚焦耕地地利指数保险、乡村保等一揽子新型保险产品的开发。农业保险经营主体应利用内部的农业保险业务数据和外部的农业生产数据、气象数据、农产品市场数据和农业物联网数据等，应用人工智能、区块链、移动APP、专业模型、大数据、移动互联和3S等技术，形成移动作业、标的管理、客户管理、风险管控、大数据服务、产品创新和客户服务等农业保险科技应用体系，在产品研发、承保、理赔和售后服务等环节充分利用农业保险科技，为政府管理部门、行业监管部门、农户和新型农业经营主体提供各种服务，以实现农业保险降本提效的目的；创新科技推广应用，构建包含无人机航拍、人工智能、生物识别、卫星遥感等的科技应用服务体系，实现农户服务便捷化、农业保险工作线上化、承保理赔智能化。

参考文献

[1] 巢洋，范凯业，王悦. 乡村振兴战略：重构新农业［M］. 北京：中国经济出版社，2019.

[2] 陈冬梅. 财产与责任保险［M］. 上海：复旦大学出版社，2019.

[3] 陈文辉. 中国农业保险发展改革理论与实践研究［M］. 北京：中国金融出版社，2015.

[4] 丁少群，冯文丽. 农业保险学［M］. 北京：中国金融出版社，2015.

[5] 方言. 转型发展期的农业政策研究（其他农畜产品及农业机械化卷）［M］. 北京：中国经济出版社，2017.

[6] 江生忠，薄滂沱. 保险助推脱贫攻坚理论与实践［M］. 天津：南开大学出版社，2019.

[7] 江生忠，邵全权，贾士彬，等. 农业保险财政补贴理论及经验研究［M］. 天津：南开大学出版社，2017.

[8] 兰晓红. 现代农业发展与农业经营体制机制创新［M］. 沈阳：辽宁大学出版社，2017.

[9] 李继熊，陈继儒. 保险学概论资料汇编［M］. 北京：中央广播电视大学出版社，1985.

[10] 刘楠. 我国农业生产性服务业发展模式研究［M］. 大连：东北财经大学出版社，2017.

[11] 卢驰文. 中国社保改革研究［M］. 上海：上海财经大学出版社，2017.

[12] 马传景. 中国改革发展研究论集［M］. 北京：中国言实出版社，2019.

[13] 生蕾. 都市型现代农业的金融支持问题研究［M］. 北京：中国金融出版社，2015.

[14] 宋洪远. 转型的动力——中国农业供给侧结构性改革［M］. 广州：广东经济出版社，2019.

[15] 粟芳. 财产保险学［M］. 上海：上海财经大学出版社，2019.

[16] 陶诚. 金融改革发展研究与探索——安徽省人民银行系统青年课题组活动优秀调研论文集［M］. 北京：中国金融出版社，2018.

[17] 奚道同，李海波. 保险学［M］. 哈尔滨：哈尔滨工业大学出版社，2017.

[18] 江苏省科学技术厅. 江苏科技年鉴（2014）［M］. 北京：科学技术文献出版社，2015.

[19] 辛桂华，冯红英，邓强. 保险学实训［M］. 北京：经济日报出版社，2018.

[20] 许谨良. 保险学原理［M］. 上海：上海财经大学出版社，2017.

[21] 杨祖义. 现代农业发展战略研究［M］. 北京：经济日报出版社，2017.

[22] 张代军. 保险学［M］. 2版. 杭州：浙江大学出版社，2016.

[23] 张代军. 保险学习题与案例精编［M］. 杭州：浙江大学出版社，2017.

[24] 张忠根. 农业经济学［M］. 2版. 杭州：浙江大学出版社，2016.

[25] 赵志耘，戴国强. 大数据：城市创新发展新动能［M］. 北京：科学技术文献出版社，2018.

[26] 周思. 大国崛起中国经济体制改革的理论与实践［M］. 桂林：广西师范大学出版社，2016.